DANNY GARBIN

GUIDARE IN PISTA

I Segreti di un Motociclista per Affrontare
la Pista con Sicurezza e
con le Giuste Traiettorie

Titolo

"GUIDARE IN PISTA"

Autore

Danny Garbin

Editore

Bruno Editore

Sito internet

http://www.brunoeditore.it

Sommario

Introduzione

Anzitutto ti ringrazio per aver acquistato questo manuale della guida in pista. Posso garantirti che non ti pentirai di averlo fatto. Il mio nome è Danny Garbin e sono stato un pilota a tempo pieno dal 2000 al 2008. Ho corso praticamente con qualsiasi tipo di moto, dalla 125 alle 1.000, passando per le 600 e addirittura le supermotard.

Nel 2005 sono stato il miglior rookie del Ducati Challenge e terzo assoluto nel campionato Supertwin Ducati con una SS900 fatta da me e mio padre. Sono stato anche pilota Yamaha dal 2006 al 2008 e collaudatore per i prodotti in pista Bridgestone, oltre che miglior esordiente italiano nel Manx GP del 2007, all'Isola di Man.

Nel corso della mia esperienza non mi sono fatto mancare i test delle SBK e delle SS delle squadre più blasonate (come la prova del 749R del Team Caracchi), oltre che fare l'insegnante per diverse scuole di pilotaggio.

Figura 1– Eccomi in azione sull'Isola di Man del 2007.

Figura 2 – Eccomi mentre gongolo tra due meraviglie: le 749R di Nannelli.

Agli inizi, anch'io come te sono andato in cerca dei migliori consigli per migliorare la mia guida e per togliermi tantissimi dubbi, ma spesso sono finito ad ascoltare i classici "smanettoni" che parlano tanto ma che, all'atto pratico, fanno ben poco.

Molte volte avrai sentito storie di presunti piloti che sembrano tornare direttamente da una gara di mondiale MotoGP, mentre magari sono solamente stati a girare a Misano e anche con tempi da nonno!

Io ti aiuterò a toglierti ogni dubbio e ti guiderò passo a passo nei tuoi progressi. Sono sicuro che troverai tutte (o quasi) le risposte alle tue domande.

Ricorda bene che l'unico luogo dove si può portare al limite noi stessi, le nostre capacità e il nostro mezzo è **la pista**: dopo una sola giornata di prove libere, infatti, il nostro feeling con la moto aumenta sensibilmente e, così, ci sentiamo anche più sicuri in strada nell'eventualità di situazioni di emergenza.

Andare in moto non significa solo salire in sella e accelerare a tutto gas, così come andare forte in pista non significa raggiungere i 300 km/h a tutti i costi.

Chi, come me, ha avuto la fortuna di raggiungere limiti elevati in pista, può confermarti che, per andare in moto, non basta il talento. Bisogna essere coscienti di tutto quello che succede durante le varie fasi della guida ed essere a conoscenza della fisica che domina la moto.

Questa guida è rivolta ai nuovi *rider* ma anche ai veterani della pista, perché ti verranno insegnate tecniche base e tecniche avanzate per andare più forte, in piena sicurezza. Fidati di me, perché probabilmente stravolgerò molte delle tue convinzioni.

Se sei un novizio e non sei mai stato in pista, trarrai moltissimi vantaggi leggendo questa guida, perché ti spiegherò le basi fondamentali della guida sportiva: la posizione in sella, la frenata, l'inserimento in curva e l'uscita, le traiettorie ideali, le regole in pista e molto altro.

Se sei invece tra quelli che hanno già pratica di pista, ti descriverò tecniche che ti permetteranno di andare oltre la tua visione attuale di velocità.

Ti insegnerò tecniche avanzate in curva, come controllare le derapate, come usare correttamente i freni (in particolare il posteriore), come settare le sospensioni e cosa vuole dirti la moto con determinate reazioni, e soprattutto, i migliori consigli per allenarsi fuori dalla pista.

Cominciamo allora e... buona lettura!

Danny Garbin

CAPITOLO 1:
Come preparare la nostra moto alla pista

Così come esce dal concessionario, una qualsiasi moto supersportiva sarebbe pronta per entrare in circuito: basta togliere gli specchietti, mettere del nastro americano sui fari ed entrare. È bene, però, fare qualche modifica per salvaguardare l'integrità delle parti originali della moto e della sua struttura, perché basta davvero poco per fare danni dal costo elevato.

Le carene

Come saprai, cadere con una moto stradale sarebbe una tragedia perché riacquistare le carene originali costerebbe come metà della moto nuova.

Quindi, la prima cosa da cambiare assolutamente sono le carene originali con carene in vetroresina racing, che sono facilmente reperibili e ve ne sono anche di qualità e finitura differenti, da forare o già forate, verniciate o grezze.

Il mio consiglio è quello di comprarle grezze e di lasciarle così o, al massimo, verniciarle in maniera veloce senza troppi fronzoli, perché costerebbe caro e, alla prima caduta, sarebbe tutto da rifare. Noi vogliamo andare forte, non essere belli, giusto?

Le carene in vetroresina sono facilmente riparabili e costano poco e quindi, se non si vogliono fare troppi danni, bisogna assolutamente montarle. Occorrerà smontare i fari, ma in un'oretta di lavoro in garage si sistema tutto, perché ormai le moderne supersportive sono cablate apposta per questo.

Figura 3 – Un set di carene grezze.

I tamponi paratelaio e i copricarter

Esistono sul mercato ormai da anni e hanno salvato centinaia di telai che, senza i tamponi, si sarebbero inesorabilmente graffiati. Lo stesso vale per i copricarter, senza i quali magari avremmo bucato un carter e perso olio sulla pista. Di questi elementi ce ne sono di tutti i tipi: di carbonio, di teflon, di plastica e chi più ne ha più ne metta.

SEGRETO n. 1: per non rischiare di fare danni troppo ingenti alla tua moto, cambia assolutamente le carene e acquista dei tamponi paratelaio.

Il copricarter può anche non essere indispensabile ma, se pensate di usare la vostra moto in pista molto spesso, i tamponi paratelaio sono un vero e proprio investimento da fare. Facili da montare e poco costosi salveranno molti componenti… oltre al vostro portafogli!

Figura 4 – Kit paratelaio per Honda CBR 1000.

I freni

In pista, la moto lavora al limite, con temperature che in strada non si raggiungono e uno degli elementi più stressati in assoluto è l'impianto frenante.

La prima cosa da cambiare sono i tubi dei freni anteriori originali con tubi di tipo aeronautico in treccia metallica: le alte temperature, infatti, fanno dilatare eccessivamente i tubi originali (normalmente in gomma o in treccia ma non sufficienti a limitare le dilatazioni) rendendo spugnoso il comando del freno e allungandone la corsa. Risultato: frenate lunghissime e forti spaventi.

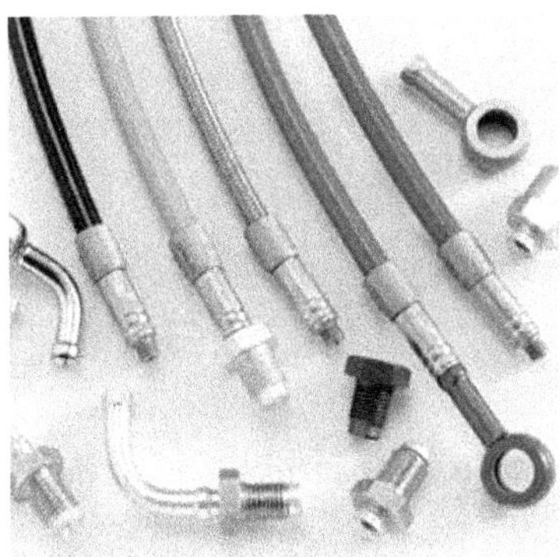

Figura 5 – Esempi di tubi in treccia metallica.

Un'altra cosa da cambiare sono le pastiglie dei freni: ci sono pastiglie performanti con diversi tipi di mescola (sinterizzate, carbonio ecc.). Se usate pastiglie al carbonio, fate attenzione a scaldarle molto bene prima di cercare il tempo perché, alla prima frenata, vi sembrerà di non avere freni!

SEGRETO n. 2: cambia tubi e pastiglie dei freni anteriori poiché, in pista, si toccano temperature che in strada non si raggiungono e uno degli elementi più stressati in assoluto è l'impianto frenante.

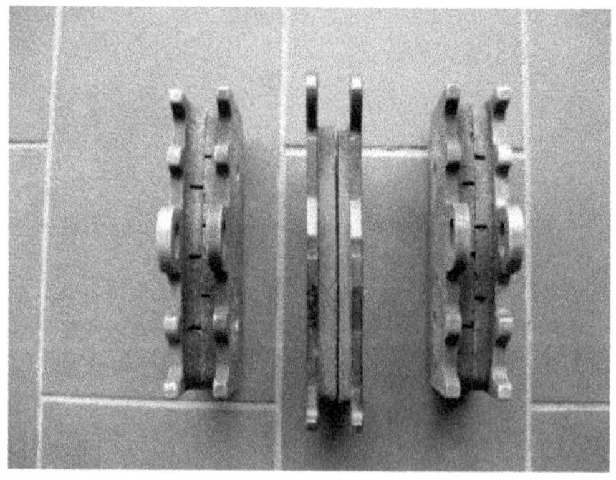

Figura 6 – Pastiglie dei freni anteriori e posteriori: attenti quando sono nuove!

I dischi freno originali, invece, di solito sono sufficienti a farti fermare in ogni situazione, ma è importante che siano flottanti;. Per i più esigenti ci sono moltissime possibilità di scelta: i dischi a margherita sono i più gettonati e funzionano molto bene.

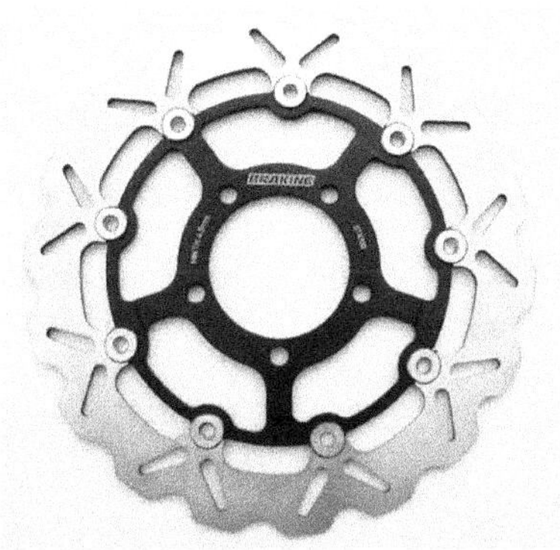

Figura 7 – Un disco a margherita: ottime performance a un costo ragionevole.

Catena, corona e pignone

Un'altra cosa molto utile (anche se non indispensabile) è l'utilizzo di catena, corona e pignone con passo ridotto: rispetto alla rapportatura originale, infatti, usare elementi a passo ridotto aumenta la scorrevolezza e diminuisce di molto il peso delle masse in movimento.

Una cosa importante che devi sapere è che, a parità di denti di pignone e corona, la catena a passo ridotto riduce leggermente il rapporto finale. Non è affatto un problema perché, di serie, la moto esce con un rapporto finale (soprattutto per la sesta marcia) davvero lungo, che non si tira, praticamente, da nessuna parte.

Se sostituisci questi elementi, magari aggiungi uno o due denti di corona. In questo modo, avrai una moto più pronta a uscire dalle curve e che riuscirà a tirare fino in fondo la sesta.

Figura 8 – Un kit completo: è importante cambiare tutto in blocco.

Le sospensioni

Nei capitoli successivi, analizzeremo bene come settare al meglio la nostra moto, però è necessario che le sospensioni rispondano alle modifiche. I prodotti di serie sono ormai molto validi e quindi, se sono nuovi o comunque con poco chilometraggio, vanno benissimo per l'utilizzo in pista di chi è alle prime armi.

Se invece vuoi andare a spaccare il cronometro, ti consiglio la sostituzione di molle e pompanti originali con i molti prodotti aftermarket che si trovano (Ohlins, Showa o Mupo, per citarne alcuni).

SEGRETO n. 3: devi accorciare leggermente i rapporti originali e cercare di cambiare almeno i pompanti della forcella originali con altri aftermarket più performanti.

Ricorda bene che, se deciderai di cambiare qualcosa sulla forcella, sarà inevitabilmente necessario cambiare anche il mono e viceversa, per non avere un elemento estremamente funzionante che metterebbe in crisi l'altro elemento che, invece, risulterebbe più lento e meno scorrevole.

Il cambio: rovescio o dritto?

Questo dato è davvero soggettivo e non è affatto influente ai fini del tempo sul giro. Pensa che Max Biaggi ha vinto 5 mondiali usando il cambio dritto (cioè con impostazione stradale, prima in giù). Quindi non preoccuparti troppo di questa impostazione. L'importante è che tu stia comodo e che le cambiate avvengano naturalmente, senza dover rischiare di sbagliarne una.

A mio avviso, non serve nient'altro per buttarsi in pista e cercare di fare il massimo per andare a caccia del nostro miglior tempo!

Vediamo ora cosa ci fa stare in equilibrio sulle nostre amate…

RIEPILOGO DEL CAPITOLO 1:

- SEGRETO n. 1: per non rischiare di fare danni troppo ingenti alla tua moto, cambia assolutamente le carene e acquista dei tamponi paratelaio.
- SEGRETO n. 2: cambia tubi e pastiglie dei freni anteriori poiché, in pista, si toccano temperature che in strada non si raggiungono e uno degli elementi più stressati in assoluto è l'impianto frenante.
- SEGRETO n. 3: devi accorciare leggermente i rapporti originali e cerca di cambiare almeno i pompanti della forcella originali con altri aftermarket più performanti.

CAPITOLO 2:
Come funziona la fisica della moto

Per tutti i motociclisti si tratta di un gesto naturale: si sale in moto, si toglie il cavalletto, si gira la chiave e si parte. Come per magia, due sottili strisce di gomma, un motore e un telaio ti fanno provare emozioni bellissime.

Ma ti sei mai soffermato a chiederti perché una moto sta in equilibrio e perché, per curvare la moto, non si ha bisogno di ruotare lo sterzo come si fa invece con le automobili?

In questa sezione analizzeremo la fisica che domina il mondo delle moto e scoprirai cos'è l'avancorsa, l'influenza del cannotto di sterzo, l'avanzamento, il passo e il baricentro.

Perché una moto sta in equilibrio

Tutti sanno che, per stare in equilibrio da ferma, la moto necessita di un piccolo supporto, sia esso il cavalletto o la gamba del pilota (trialisti a parte, ma farlo con una CBR1000 è altamente sconsigliabile!).

Quando si parte, per velocità comprese tra 0 e 30 km/h circa, si entra nel *campo di stabilità manovrata*, il periodo di tempo nel quale la moto non ha stabilità propria e deve essere il pilota a correggerne l'assetto con piccole manovre istintive.

Quando si supera questa fase, la moto assume invece un assetto auto-stabilizzato, generato dall'avancorsa (grazie alla quale la ruota davanti determina una reazione a terra che genera una coppia raddrizzante) e dall'effetto giroscopico generato dalla ruota anteriore che, ovviamente, cresce all'aumentare della velocità.

Definizione: un *giroscopio* è un solido che, ruotando ad alta velocità, tende a raddrizzarsi rispetto all'asse intorno al quale si trova in rotazione. Per essere deviato, il giroscopio richiede una forza direttamente proporzionale al momento d'inerzia polare della massa rotante e alla velocità angolare di applicazione della coppia deviante.

Passando dalla teoria alla pratica, ti puoi accorgere benissimo che, alle alte velocità, far entrare una moto in curva è molto più difficile che farlo quando si va piano (come ad esempio l'ingresso di un piccolo tornante).

Fai attenzione anche all'importanza delle masse in gioco perché, proprio stando al principio del giroscopio, una moto con cerchi di serie (solitamente in lega d'alluminio) è certamente meno reattiva e più pesante da portare in curva rispetto alla stessa moto con cerchi alleggeriti (che possono essere in magnesio o addirittura carbonio).

La stessa differenza la può fare la misura del cerchio: a parità di massa e di peso, un cerchio da 17" renderà certamente meno manovrabile una moto con cerchi da 16,5".

L'interasse

Definizione: si definisce *interasse* la distanza tra i punti delle proiezioni a terra delle verticali passanti per il perno della ruota anteriore e il perno della ruota posteriore.

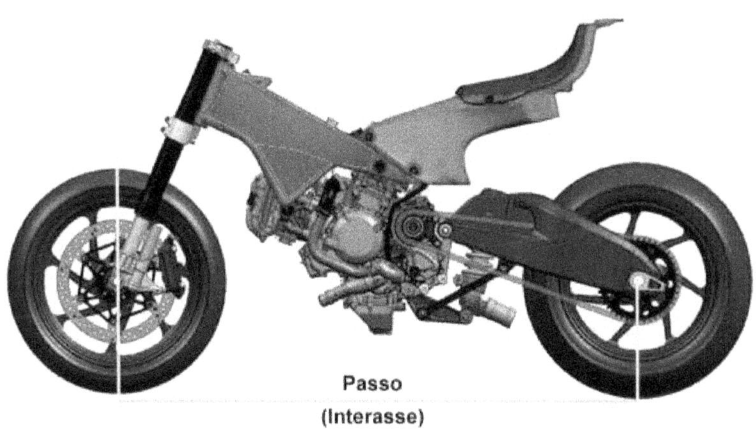

Passo
(Interasse)

L'interasse influisce molto sulla guidabilità e la stabilità di una moto: all'aumentare di questo valore aumenta la stabilità ad alte velocità a discapito della manovrabilità; contenendolo, si aumenta l'agilità del mezzo ma lo si rende più instabile.

L'interasse può essere variato spostando il perno della ruota posteriore (ad esempio cambiando rapporti, sfruttando la lunghezza della catena), ma è sempre preferibile agire modificando l'avancorsa e lasciando invariata la posizione della ruota posteriore.

Il cannotto di sterzo

Definizione: si definisce *cannotto dello sterzo* la sede che ospita il perno di unione delle piastre di avanzamento (o piastre di sterzo) che, a loro volta, sorreggono le canne della forcella.

In estrema sintesi, il cannotto dello sterzo è una cerniera. In alcune moto sportive è possibile modificarne l'inclinazione. Inclinare il cannotto significa cambiare radicalmente la geometria complessiva della moto, perché si influisce sull'avancorsa e sul passo.

Per le case costruttrici, la corretta inclinazione e, di conseguenza, la corretta avancorsa sono un vero punto cardine che definisce la destinazione finale di un prodotto di serie.

Per creare un prodotto stabile e di facile utilizzo si tende a lasciare un'inclinazione maggiore rispetto ai prodotti destinati a un uso estremo che invece hanno valori decisamente più contenuti.

Più ci si avvicina al valore zero, più effettivamente il veicolo diventa instabile. Per spiegare bene il concetto pensate a un triciclo (sì quello dei bambini): con il cannotto esattamente a 90° rispetto al terreno, se non si tiene stretto il manubrio, il mezzo perderà facilmente la sua stabilità perché la ruota anteriore tenderà a girare su se stessa.

L'avanzamento

Definizione: si definisce *avanzamento* la distanza tra la retta passante per il centro delle canne della forcella e la parallela passante per il centro del cannotto dello sterzo.

L'avanzamento è un altro fattore importante che modifica l'avancorsa. Per modificare questo valore è necessario sostituire le piastre di avanzamento (o piastre di sterzo. Pertanto, per i comuni mortali che non dispongono di un reparto corse, rimane un valore fisso nell'arco di una giornata in pista (dato dalle piastre originali della moto).

L'avancorsa

Definizione: si definisce *avancorsa* la distanza che separa il punto di proiezione della verticale passante per il perno della ruota anteriore e il punto di intersezione del prolungamento dell'asse di sterzo con il terreno.

Lo sterzo è un elemento fondamentale della moto perché è il punto sul quale convergono le *masse sterzanti* (l'avantreno) e le *masse propulsive* (costituite dal corpo telaio-motore-ruota motrice).

L'effetto di auto-centramento della ruota anteriore è dovuto al fatto che il punto di contatto della ruota anteriore è arretrato rispetto al punto di intersezione con il suolo del prolungamento dell'asse dello sterzo. L'articolazione anteriore ha quindi il compito di mantenere sempre in positivo il momento creato dal valore dell'avancorsa (l'avancorsa è, a tutti gli effetti, un braccio di leva).

SEGRETO n. 4: l'avancorsa è il valore risultante dalle scelte progettuali o di assetto che si fanno ed è influenzato dall'avanzamento e dall'inclinazione del cannotto.

Il baricentro statico e dinamico

Definizione: in fisica, si definisce *baricentro* il punto al quale è applicata la forza risultante di tutte le forze peso parallele. In parole molto semplici, saprai che il baricentro è il punto di equilibrio di un solido (o di una figura piana, lo avrai imparato studiando geometria alle elementari). La moto quindi ha un suo *baricentro in posizione statica*, che influisce moltissimo sulle sue reazioni una volta in movimento.

Cambiare la posizione del baricentro statico della moto significa cambiare la distribuzione dei pesi e lo si può fare in diverse maniere:

- variando l'inclinazione del cannotto di sterzo;
- regolando lo sfilamento degli steli delle forcelle rispetto alle piastre di sterzo;
- agendo sulle regolazioni di precarico della forcella e del monoammortizzatore.

Vediamo cosa comporta spostare il baricentro nelle direzioni possibili, tenendo conto, però, che queste sono valutazioni *in fase di staticità della moto* (cioè senza pilota), quindi avremo reazioni che potranno essere corrette con un giusto assetto agendo sull'idraulica.

Baricentro avanzato: le masse si spostano verso l'anteriore

Vantaggi:

- si conferisce una precisione direzionale alla moto e si riduce moltissimo la tendenza all'impennata in accelerazione.

Svantaggi:

- nell'inserimento e nella percorrenza, la moto tenderà a sottosterzare e, quindi, c'è il rischio di far "prendere sotto" l'anteriore e di perderlo (si creano degli angoli di deriva sulla gomma davanti che faranno allargare la traiettoria).
- in staccata, la moto tenderà a sollevare il posteriore e, nonostante la gomma davanti, grazie al carico impresso, abbia un grip eccellente, gli spazi di frenata si allungheranno a causa dell'impossibilità di frenare forte (se non ci si vuole esibire in un ribaltamento in avanti).
- bisognerà prestare parecchia attenzione in fase di accelerazione perché il posteriore "scarico" tenderà a partire per la tangente con maggiore facilità.

Baricentro arretrato: le masse si spostano verso il posteriore

Vantaggi:

- aumento della trazione in accelerazione, maggiore agilità nei cambi di direzione, alta stabilità in frenata, in particolare al termine di un lungo rettilineo.

Svantaggi:

- la moto risulterà molto più instabile, in uscita di curva tenderà a impennarsi parecchio oltre che cercare di allargare la traiettoria.

Baricentro ribassato

Vantaggi:

- maggiore disponibilità della moto a cambiare inclinazione (attenzione: non aumenta l'agilità, ma è più facile correggere la traiettoria in percorrenza) e, nelle fasi di frenata e accelerazione, la moto risentirà meno dei trasferimenti di carico.

Svantaggi:

- si riduce la luce a terra e, visto il minore braccio di leva della forza peso, si è costretti ad angoli di piega maggiori.

Baricentro rialzato

Vantaggi:

- possibilità di limitare gli angoli di piega.

Svantaggi:

- si sentiranno molto di più i trasferimenti di carico e, nei cambi di direzione, la moto potrebbe sembrare pesante.

Come vedi, il posizionamento delle masse della sola moto comporta moltissime implicazioni. Quindi, prima di variare qualsiasi quota ciclistica che ti porterebbe a cambi macroscopici, ti consiglio di cercare di lavorare molto sull'idraulica, in modo da imparare a sentire le reazioni della moto. A volte, infatti, è sufficiente lavorare sul freno in compressione o sul freno in estensione di forcella e mono per limitare molte eventuali imperfezioni.

SEGRETO n. 5: lavora molto sull'idraulica e impara a "sentire" le reazioni della tua moto.

Ovviamente, se la moto, nonostante la forcella sia tutta precaricata, continua a far partire l'anteriore, bisogna agire sul suo baricentro statico.

Parliamo ora del **baricentro dinamico**. L'equilibrio generale della moto da ferma è una cosa, ma la moto porta con sé sempre una massa variabile: **te stesso!**

Il *baricentro dinamico* è quindi la somma del baricentro della moto sommato al **tuo baricentro**. Pertanto questo punto di equilibrio non è costante, ma varia nelle diverse situazioni e, addirittura, curva per curva (a sinistra e a destra potresti avere baricentri dinamici diversi in base al tuo stile di guida).

SEGRETO n. 6: tu sei una componente fondamentale dell'equilibrio della moto, perché il tuo movimento in sella influenza moltissimo le reazioni nelle diverse fasi della guida.

Ora, senza indugiare troppo nelle teorie della fisica, ma sfruttandole a dovere, andiamo a vedere come far rendere al meglio voi e la vostra moto nelle diverse situazioni che si verificano in pista.

RIEPILOGO DEL CAPITOLO 2:

- SEGRETO n. 4: l'avancorsa è il valore risultante dalle scelte progettuali o di assetto che si fanno ed è influenzato dall'avanzamento e dall'inclinazione del cannotto.
- SEGRETO n. 5: lavora molto sull'idraulica e impara a "sentire" le reazioni della tua moto.
- SEGRETO n. 6: tu sei una componente fondamentale dell'equilibrio della moto, perché il tuo movimento in sella influenza moltissimo le reazioni nelle diverse fasi della guida.

CAPITOLO 3:
Come comportarsi in pista

La pista è il miglior luogo dove esprimersi ai propri limiti in piena sicurezza, dove si può andare a "tutta manetta" senza rischiare la vita come, stupidamente, molti fanno sulla strada.

Una cosa deve essere chiara: la strada non è minimamente paragonabile a una pista. Le gomme, in strada, non raggiungono le temperature che raggiungono in pista, gli asfalti sono profondamente diversi, in strada ci sono i guardrail, mentre in pista delle meravigliose vie di fuga di ghiaia, erba o asfalto (che ho visitato parecchie volte, e ne avrei fatto a meno, ma meglio la ghiaia di una via di fuga, che un palo della luce!).

Quindi, ricorda bene che in strada non riuscirai mai e poi mai a ripetere alcune evoluzioni che ti possono riuscire in pista, anche se ti sembra di farlo ugualmente.

SEGRETO n. 7: la pista non è la strada! In strada non riuscirai mai e poi mai a ripetere le evoluzioni che fai in pista e a raggiungere la stessa velocità.

Premesso ciò, in questa sezione vedrai come si sta in sella, come frenare, come affrontare i diversi tipi di curva (tornanti, esse, curve veloci ecc.), come accelerare. Inoltre ti insegnerò molti trucchetti per migliorare le tue prestazioni e per farti guidare più veloce e con maggiore sicurezza. Solo successivamente vedremo le traiettorie ideali dei diversi tipi di curva, quindi porta pazienza... e leggi questa importantissima sezione.

La posizione in rettilineo

Potrà sembrarti banale parlare di come si sta in rettilineo; penserai: «Giù la testa e gas aperto!» In parte è vero, ma la posizione in sella di un *rider* dice tutto sulla sua esperienza in pista e ti posso garantire che una corretta posizione aiuta moltissimo nelle fasi successive al rettilineo (come la frenata secca dopo un lungo rettilineo, ad esempio, o la staccata della San Donato al circuito del Mugello).

Il rettilineo, se sufficientemente lungo, ti permette anche di riposare un po'. Quindi, leggi con attenzione. Per prima cosa, evita di tenere i piedi aperti (a papera) sulle pedane. Devono stare ben appoggiati, con le piante, sulle pedane, pronti per agire sui due comandi a disposizione (cambio e freno posteriore). Le gambe devono tenere ben stretto il serbatoio.

Nel caso di un lungo rettilineo, è bene tenere i gomiti ben chiusi (a contatto con le ginocchia) e poggiare i glutei più indietro possibile, in modo da poter accostare la mentoniera del casco sul serbatoio: questa posizione è perfettamente aerodinamica e permette anche di riposare un po'.

Le mani devono tenere saldamente i semimanubri, ma ti consiglio comunque di tenere almeno un dito su ogni leva, perché così avrai già le mani un po' aperte per agire più rapidamente su freni e frizione.

Nel caso di brevi rettifili, nei quali non hai il tempo di metterti in una posizione comoda, il mio consiglio è quello di aggrapparti alle pedane e al serbatoio con i piedi e le cosce. In questa maniera, non solo limiterai la tendenza all'impennata, ma eviterai di aggrapparti al manubrio, manovra che ti farebbe sbacchettare la moto in uscita di curva.

Figura 9 – Eccomi sulla 998RS del Mondiale SBK.

La staccata e l'inserimento in curva

Il lungo rettilineo sta finendo e si avvicina i¢nesorabilmente la curva. L'inserimento in curva comincia molto prima della frenata (so che ti sembrerà strano, ma è così) e ti spiego il perché: dovrai prepararti a curvare ben prima di arrivare al punto di staccata.

In molti fanno l'errore di arrivare in staccata dritti sulla sella, e di posizionarsi con calma durante la curva. Questo è un sistema potenzialmente dannoso per te e il tuo tempo sul giro, perché, se ti metti in posizione durante la curva, oltre a perdere un sacco di tempo, turberai l'assetto della moto aumentando il rischio di caduta.

SEGRETO n. 8: L'inserimento in curva comincia molto prima della frenata: posizionarsi con calma durante la curva significa perdere molto tempo e turbare l'assetto della moto aumentando il rischio di caduta.

Quindi, prima del punto di staccata, dovrai cominciare a spostare il sedere verso l'interno della curva, portare il piede destro sopra la leva del freno e quello sinistro sulla leva del cambio (o sotto, dipende se lo avete rovesciato o no). Tutto questo ancora a gas aperto.

Per fermarsi, sai benissimo che ci sono i freni anteriori, poderosi e potenti con un bella coppia di dischi, e il piccolo, e spesso dimenticato, freno posteriore. Voglio insegnarti un piccolo trucco per usarlo al meglio nelle staccate più violente dopo un lungo rettilineo.

Ipotizziamo tu sia in sella, su un bel rettilineo, e abbia individuato il tuo punto di staccata abituale. Bene, qualche attimo prima di mollare il gas e frenare, appoggia il piede sulla leva del freno posteriore e frena solo con quello negli istanti prima della staccata vera e propria. Strano? Invece no, e ti spiego il perché.

Dopo un lungo rettilineo, arrivi sicuramente a velocità molto sostenuta: frenare un po' con il posteriore, prima ancora di mollare il gas, farà letteralmente sedere il posteriore della tua moto e limiterà moltissimo il trasferimento di carico (che ad alte velocità è rilevante) nel momento in cui frenerai con quello anteriore. In questa maniera potrai goderti una staccata molto più composta.

Non devi aver paura che la ruota posteriore si blocchi, perché mentre sei ancora a gas aperto e quindi è impossibile un repentino bloccaggio.

È però possibile che, tenendo una pressione eccessiva sul freno posteriore, anche mentre stai frenando con i freni anteriori, sopravvengano alcuni serpeggiamenti.

Se dopo un paio di frenate vedi che si innescano ondeggiamenti, usa il freno posteriore solo nella prima fase, lasciando poi il compito di rallentare ai soli dischi davanti (vedrai che la moto sarà stabilissima).

Se non vuoi usare il freno di dietro, un'altra cosa che aiuta moltissimo è fare pressione sulle pedane durante la fase più violenta della frenata, in modo da dare peso al posteriore.

La parte più violenta della frenata avviene ancora a moto dritta; mentre stiamo raggiungendo la velocità che ci sembra corretta per affrontare la curva, gradualmente, molliamo sempre di più i freni per inserire la moto in curva.

SEGRETO n. 9: l'inserimento è la parte più delicata, perché si entra in curva ancora con i freni leggermente tirati e si corre il rischio che l'anteriore prenda sotto facendovi scivolare.

Se sei un principiante, ti consiglio di usare sempre una marcia in meno del necessario, perché se entri un po' più piano di quanto serve, avrai più motore per sostenere la moto durante la curva. Inoltre, ti aiuterà a rallentare anche il freno motore, più facile da gestire di un'entrata a freni tirati, che richiede molta più esperienza. L'inserimento si conclude con la messa in appoggio della moto in curva, e si procede poi alla percorrenza e all'uscita.

La percorrenza

Siamo arrivati in staccata e abbiamo inserito la moto in curva. Ora arriva una fase di appoggio nella quale è importante tenere ben caricata la moto, agendo sulla pedana interna alla curva.

Ricordi quando ti ho detto di tenere le punte o le piante dei piedi ben appoggiati sulle pedane? Ecco il motivo: per aiutare la moto a tenere la traiettoria impostata, devi dare peso alla pedana interna alla curva.

Se sei un pilota più smaliziato, ecco un consiglio ulteriore: oltre ad agire sulla pedana interna, fai pressione anche sul semimanubrio interno. In questo modo aiuterai a tenere caricato l'anteriore in modo che non allarghi la traiettoria. Ecco un esempio di come si caricano i pesi in percorrenza:

L'uscita di curva

Siamo arrivati all'ultima fase di una curva: l'uscita. Anche in questi istanti bisogna agire con accortezza perché, se abbiamo passato il pericolo di perdere l'anteriore, adesso rischiamo di perdere il posteriore e metterci la moto per cappello.

Nella fase di accelerazione, bisogna fare in modo di caricare il più possibile il retrotreno della moto senza aumentare la tendenza all'impennata.

In uscita, quindi, dovrai gradualmente spostare il peso dei piedi dalla pedana interna verso quella esterna, rimanendo però caricato sul semimanubrio interno alla curva. In questa maniera ti "allungherai" sulla moto ridistribuendo il tuo carico.

Ti posso garantire che, se all'inizio ti sembrerà innaturale, appena assimilerai il meccanismo, sentirai tantissimo la differenza, perché aumenterà il grip, controllerai molto meglio una eventuale derapata e abbasserai i tempi sul giro.

L'effetto secondario di questa manovra è quello di raddrizzare leggermente la moto, cosa che ti permetterà di aprire il gas sempre prima.

Le traiettorie ideali

Abbiamo visto come entrare e uscire dalle curve e come distribuire il nostro peso per aiutare la nostra amata moto a seguire le traiettorie che vogliamo.

In questa sezione ci occupiamo proprio di traiettorie: migliorarle significa vedere notevoli progressi sul nostro cronometro, ma ti posso garantire che sfruttare in pieno la pista non è affatto una cosa naturale per chi si avvicina al mondo del tempo sul giro.

Ricorda che le nozioni spiegate nelle pagine precedenti valgono per tutti i tipi di curve che ora andiamo ad affrontare, dai rampini alle esse strette, fino ai curvoni da raccordare.

Sfruttiamo tutta la pista: i cordoli

La differenza che salta subito all'occhio tra una strada normale e il nastro della pista è la presenza dei cordoli e delle vie di fuga. Però, se le seconde è meglio visitarle poco, i cordoli fanno parte integrante della traiettoria ideale e vanno sfruttati a fondo. Per riassumere meglio il concetto: *la pista va usata tutta!*

I cordoli possono essere sfruttati sia in staccata che in uscita di curva: la manovra di appoggio sui cordoli in staccata la consiglio solamente ai piloti più smaliziati, perché c'è il serio rischio di perdere l'anteriore, ma bisogna sfruttare il nastro di asfalto almeno fino alla riga bianca (sull'asciutto tiene benissimo, sul bagnato no, ma lo vedremo nei prossimi capitoli).

In uscita di curva, invece, i cordoli possono essere sfruttati per aiutarsi a fare "sponda" e chiudere meglio le curve. Escludendo i cordoli seghettati (come quelli di Varano) sui quali si può passare se, per sbaglio, si allarga la traiettoria, i cordoli lisci con pendenza a favore (come quelli del Mugello) vanno usati come appoggio per accorciare la traiettoria e per chiuderla.

Figura 10– Salire sui cordoli è fondamentale per sfruttare bene la pista.

Le curve a 90°

Queste sono curve molto frequenti in moltissimi autodromi e sono anche di difficile interpretazione per chi è alle prime armi. La prima traiettoria che viene in mente è quella che passa per il punto di corda esattamente a metà curva. Questa è la traiettoria più pulita che c'è, ma è molto basilare e impone un tempo molto lungo a moto piegata.

La traiettoria che mi sento di consigliare, invece è quella dell'immagine sottostante. Come vedete, il punto di corda si trova leggermente dopo la metà della curva; questo perché viene leggermente ritardato l'ingresso con una traiettoria inizialmente più tonda, per poi avere molto più spazio da dedicare all'accelerazione.

Figura 11 – Come vedete il punto di corda non si trova al centro del semicerchio, ma leggermente dopo. Questo vi permetterà di aprire il gas molto prima e con più sicurezza.

La differenza tra le due traiettorie è evidente: nella prima si arriva al punto di corda con il muso della moto che punta la via di fuga. Quindi, per uscire dalla curva dovrai ancora far girare la moto, il che significa dover stare molto più tempo a gas parzializzato ed essere penalizzati sul tempo finale.

Con la traiettoria disegnata nell'immagine sopra, al momento di toccare la corda il muso della moto è già orientato verso l'uscita di curva e tu potrai tranquillamente raddrizzare e spalancare il gas.

I tornanti

Questo tipo di curva è generalmente una curva di ritorno di 180° di raggio medio-stretto e la si può affrontare in diverse maniere.

Traiettoria tonda

Una frenata regolare con un rilascio graduale dei freni. La traiettoria segue l'arco di circonferenza della curva, con il punto di corda al centro dello stesso. Appena passato il punto di corda, si può gradualmente aprire il gas per uscire nella maniera più pulita possibile.

Questa è la traiettoria che rende più stabile la guida, risulta redditizia con moto dalla potenza limitata, che hanno bisogno di una percorrenza di curva molto elevata, oppure con una 600 cc, utilizzando una marcia più alta del solito, in modo da aumentare la scorrevolezza (bisogna però fare attenzione ad avere la moto "in tiro" da subito dopo il rilascio dei freni).

Traiettoria spigolata

In questo caso il punto di corda è prima del centro della curva, e va raggiunto in staccata e non in rilascio. Appena mollati i freni, la moto va raddrizzata e si può aprire il gas in modo da sovrasterzare leggermente (la moto lo fa praticamente da sola, non te ne accorgerai nemmeno).

Questa è la traiettoria più redditizia in termini di tempo sul giro, in particolare con moto di grossa cilindrata che dispongono di parecchi cavalli. La si può utilizzare anche con moto di 600 cc di cilindrata, con una marcia più bassa, in modo da sfruttare tutta la potenza di cui dispongono agli altri regimi.

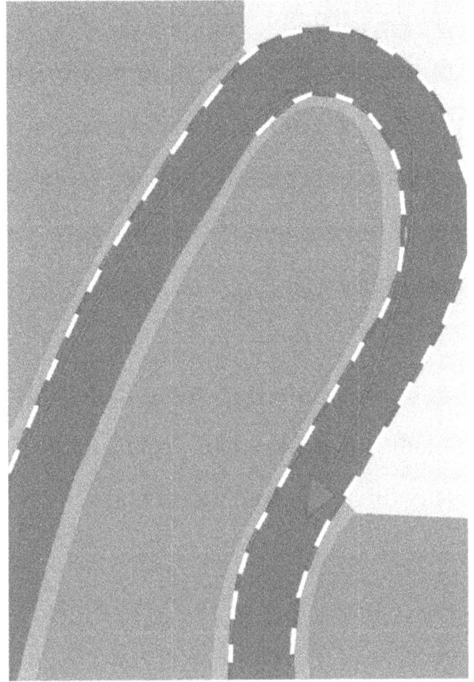

Figura 12 – Ecco come affrontare un tornantino che si allarga leggermente in uscita: come vedete, spigolando i punti di corda diventano due.

I curvoni

Queste sono curve ad ampio raggio che girano, come i tornanti, di circa 180°. Un esempio su tutti potrebbe essere il “Correntaio” del Mugello (che è anche leggermente contropendente e in discesa).

Ti consiglio di affrontare questo tipo di curva con una traiettoria "a uovo", o comunque sempre leggermente spigolosa, perché fare una traiettoria pulita vorrebbe dire stare molto tempo in piega a "mungere" il gas, con il rischio di ritrovarsi con l'anteriore o il posteriore che ti tradiscono. Inoltre, passare molto tempo piegati è controproducente ai fini del tempo sul giro, perché non riuscireste ad aprire il gas in fretta.

Spigolando la traiettoria, invece, avrai come la sensazione di arrivare leggermente lungo, ma una volta girata la moto con una percorrenza molto breve, potrai raddrizzarti e spalancare il gas molto prima.

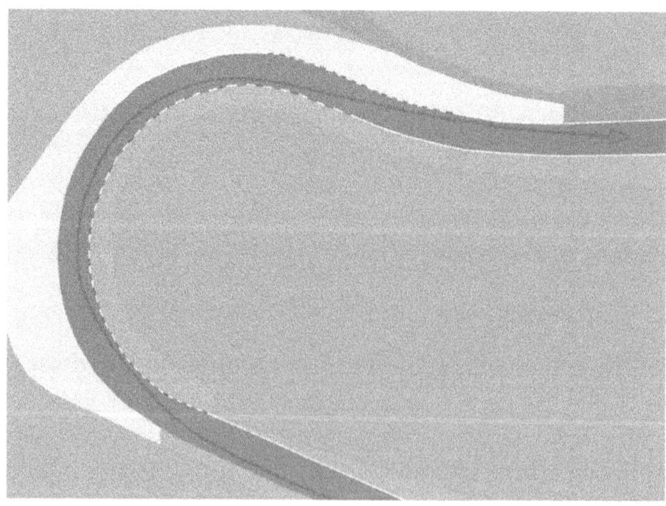

La “esse”

Queste varianti si affrontano nella stessa maniera, sia che siano strette sia che siano larghe. Bisogna dire, però, che nella parte centrale della curva i cambi di direzione a bassa velocità sono più a rischio caduta di quelli ad alta velocità, mentre le “esse” ad alta velocità hanno la loro fase critica nell’inserimento.

Di norma è sempre meglio sacrificare l’ingresso per facilitare l’uscita dalla variante, in modo da poter uscire più veloci con meno rischio di perdite del posteriore in accelerazione. Vediamo in dettaglio le differenze:

La “esse lenta”

Questo tipo di variante serve a rallentare la corsa e spezza decisamente il ritmo. Normalmente si tratta di due curve contrapposte e ravvicinate con angoli pronunciati (intorno ai 90°) che richiedono un cambio di direzione repentino e deciso (ad esempio la Variante Alta di Imola).

In questo caso i rischi sono molteplici: il primo pericolo è in inserimento, perché si deve entrare a moto inclinata e con i freni ancora in mano. Il rischio quindi è quello di perdere l'anteriore e scivolare inesorabilmente nelle vie di fuga.

Il secondo rischio si corre nel veloce cambio di direzione perché, nel passaggio da una curva all'altra, l'avantreno si alleggerisce quando torna in appoggio e, per fare la seconda parte della "esse", può mollare la presa.

Il terzo rischio è in uscita: partendo da basse velocità ci troviamo con il motore in piena coppia e quindi rischiamo la perdita del posteriore. Il brutto di queste cadute è che si risolvono spesso con un high side proprio perché, partendo da basse velocità, la ruota posteriore prende subito spin e poi prende grip di colpo. Ma non preoccuparti, perché non è detto che accada per forza a te: ecco come ridurre i rischi.

In inserimento bisogna entrare frenati ma, avvicinandosi alla corda della prima curva, i freni vanno rilasciati con delicatezza. Devi fare in modo di stare il più possibile attaccato alla corda della prima curva per riuscire ad anticipare il cambio di direzione per tagliare letteralmente la seconda curva. Appena concluso il cambio di direzione, è importante provare a mettere subito in tiro la catena dando leggermente gas. Vedrai che andrà molto bene.

Non conviene entrare forte in inserimento perché, se è vero che è possibile sorpassare, si ritarderebbe troppo il momento del cambio di direzione, piantandosi in uscita dalla seconda curva.

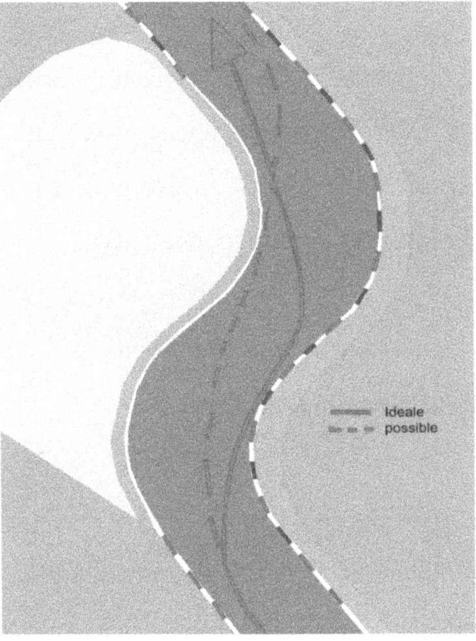

Figura 13 – La linea tratteggiata mostra un ingresso aggressivo che però ci fa "piantare" all'imbocco della seconda curva. La linea continua mostra invece la traiettoria più redditizia.

Le "esse larghe" o "destra-sinistra" (e viceversa)

Non si tratta di vere e proprie varianti, ma di due curve a 90° o inferiori, di direzione opposta e distanziate tra loro.

Di fatto sono due curve ben distinte ma consecutive, che fanno fare un destra-sinistra (o viceversa) con un cambio di direzione meno rapido delle varianti strette o delle curve veloci.

Vale lo stesso principio delle normali varianti ma meno accentuato: non sarà necessario attaccarsi alla corda della prima curva, ma è sempre bene tenersi in prossimità di essa per avere una percorrenza migliore nella seconda curva.

Un esempio ideale sono le esse larghissime del circuito di Brno, che permettono molte interpretazioni.

Se ricordi le Superpole della SBK, avrai certamente notato che, per andare a puntare il tempo sul giro, gli assi del Mondiale cercavano sempre di uscire puliti dalla seconda curva.

Le "esse veloci"

La prima che mi viene in mente è la Biondetti 1 e 2 del Mugello. L'errore che non si deve assolutamente fare è di entrarci in rilascio perché, dal momento che si entra ad alta velocità (normalmente di terza) e abbastanza piegati, è facile perdere l'anteriore. Ho visto diversi amatori fare dei danni pazzeschi proprio in questa curva, e proprio perché entravano senza nemmeno un filo di gas.

È importantissimo entrare in queste curve con la moto in tiro, in modo da non caricare la ruota anteriore: sentirai il bisogno di fare molta forza sui manubri, ma ricordati anche di fare leva con le pedane, perché ti aiuterà moltissimo.

Nel cambio di direzione sarà necessario alleggerire leggermente il gas, in modo da aiutarsi a voltare la moto: ho detto *alleggerire* e non chiudere il gas, mi raccomando. È possibile farlo anche in inserimento, ma si parla sempre di alleggerimento del gas e non di rilascio completo.

Le curve da raccordare

Ti capiterà spesso di dover affrontare due curve (a Ledenon, addirittura tre) consecutive che girano dalla stessa parte: dovrai farlo disegnando una traiettoria unica che le raccordi entrambe. Per disegnare la traiettoria ideale toccherai i due punti di corda delle due curve e il punto di svolta che si trova tra esse.

Anche in questo caso non conviene entrare troppo veloce nella prima curva, altrimenti si rischia di toccare il punto di svolta a una velocità troppo bassa per risultare efficace ai fini del tempo sul giro.

Il punto di svolta va toccato in percorrenza a una velocità sufficiente da poter voltare la moto e farsi letteralmente sparare fuori dalla seconda curva (un esempio può essere il Ferro di Cavallo di Varano de Melegari, le curve dei Cimini di Vallelunga o le Arrabbiate del Mugello).

In curve di questo genere, particolari momenti critici non ce ne sono, perché hai tutto il tempo di posizionarti al meglio sulla moto per la percorrenza.

L'importante è tenere la moto in tiro in modo da non scomporre l'assetto e caricare molto la pedana interna alla curva.

In uscita si ha il tempo di scaricare al meglio il peso sulla pedana esterna per accelerare prima e con maggior sicurezza.

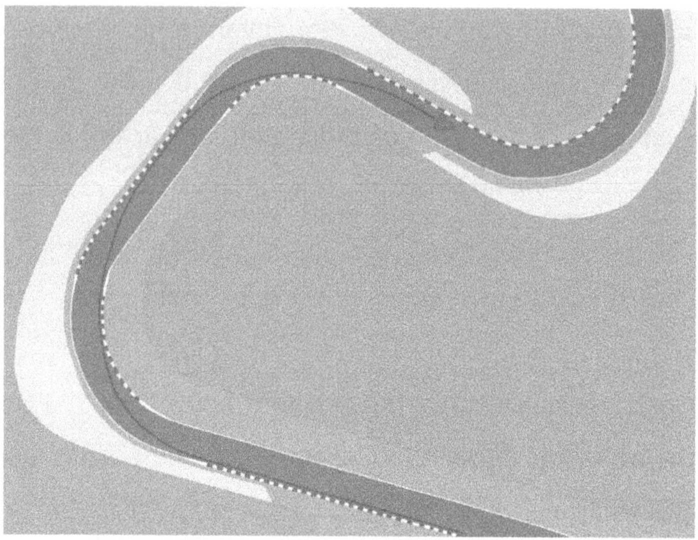

Figura 14 – Ecco due curve a destra da raccordare: come si vede, anche qui i punti di corda sono leggermente ritardati per favorire l'uscita. Anticipare la corda significherebbe fermarsi letteralmente prima di fare la seconda curva.

I segreti per andare forte

Andare forte in pista non significa solo frenare più tardi, dare gas prima, mettere di traverso la moto o altre cose del genere. Come diceva Reggiani: «Spesso si va forte quando sembra di andare piano».

Ti posso garantire che non c'è nulla di più vero, perché spesso forzare le staccate o intraversarsi a ogni uscita di curva non significa essere stati più rapidi di qualcuno che invece è entrato e uscito pulito dalle curve.

Pensa per esempio a Troy Corser: se lo guardi bene durante una Superpole, pennella le traiettorie scomponendo pochissimo la moto. È una sua caratteristica e lo ha sempre contraddistinto da piloti come Laconi o Toseland, che erano spesso di traverso. Non per niente Corser è chiamato il "signore del giro secco".

Ora ti spiegherò un paio di trucchetti per migliorare la tua capacità di guida. Si tratta di manovre che richiedono una buona conoscenza di quanto spiegato finora e quindi, se sei ancora un novizio, leggi bene queste righe, ma prima metti in pratica quanto spiegato fino a ora e lascia queste tecniche avanzate a quando sarai più pratico sul resto.

Il freno posteriore

Erroneamente, questo particolare viene spesso bistrattato e se ne fa un cattivo uso, ma usare il freno posteriore può rivelarsi una manovra azzeccata in molti frangenti.

Come ho spiegato in precedenza, può essere utilizzato durante le staccate violente per limitare i trasferimenti di carico: basta appoggiare il piede sulla leva del freno qualche istante prima di effettuare la staccata vera e propria.

Ma il freno posteriore è molto utile anche in uscita dalle curve, perché lo si può usare per limitare l'impennata della moto in accelerazione, ma anche per correggere la traiettoria.

Se, per esempio, in uscita vedi che, dopo aver raddrizzato un po' la moto, accelerando allarghi la traiettoria, ti basta tenere accelerato e premere sul freno posteriore per tenere più basso il muso.

In questo modo si riduce l'avancorsa e si riesce a chiudere la traiettoria impostata.

Se mentre esci da una curva la moto tende leggermente a impennarsi, puoi usare un colpo di freno posteriore per abbassare l'anteriore e tenere il gas completamente spalancato.

Figura 15 – Notare bene l'uso del freno posteriore in uscita dalle curve: gas aperto e piede appoggiato leggermente sul freno.

Usare la testa

Ti sembrerà strano detto così, ma la testa ha molta influenza sulla dinamica della moto, non in quanto dotata di intelligenza, ma perché è una massa importante del nostro corpo!

Devi pensare che la testa rappresenta circa il 7-10% del peso totale del nostro corpo, con il casco arriva anche al 13-17%. Considerando che in sella la tua metà inferiore è quasi integrata nella moto, la percentuale di influenza della testa sul peso delle masse superiori sfiora il 25%! Ci pensi? Un quarto del peso è messo tutto in alto, e puoi spostarlo a piacimento.

Premesso ciò, conosci il detto: «Dove va lo sguardo, la moto gira»? Secondo te perché? Perché quando giri lo sguardo verso l'interno della curva per guardare l'uscita, inconsapevolmente, la sposti verso l'interno e leggermente in avanti. Questo spostamento si ripercuote sulle masse generali in movimento e quindi riesci a caricare bene l'avantreno!

Perciò guarda sempre in avanti, osserva il punto di corda in ingresso e il punto di uscita durante la percorrenza. Devi essere sempre in anticipo sulla tua moto e lei ti seguirà fedelmente. Guarda dove vuoi andare e vedrai che riuscirai a chiudere meglio le traiettorie.

Lo stile di guida: sporgersi o rimanere sulla sella?

Spesso mi sono sentito porre questa domanda: «Ma devo sporgermi o restare dritto? Non capisco, cosa mi conviene?»

Io parto dal presupposto che non c'è un modo giusto di guidare, ciascuno guida come meglio si sente. Di esempi eclatanti ce ne sono parecchi: Doohan faceva le curve a destra in un modo e a sinistra in un altro, a causa dell'incidente di Assen del '92 che lo limitava nei movimenti.

Lorenzo guida dritto sulla sella con le spalle tutte fuori, Spies l'esatto opposto, Bayliss scendeva con il sedere e restava dritto con il busto, Corser si avvita letteralmente al serbatoio.

Come vedi, parliamo di campioni veri, ognuno con il suo stile particolare. Io posso spiegarti cosa succede se ti sporgi o se rimani dritto sulla sella.

Stare con il sedere ben fermo sulla sella ti permette di sentire molto meglio cosa accade sotto di te; i glutei, infatti, sono una grande fonte di informazioni se sei una persona sensibile. Però, per quanto detto precedentemente sui baricentri, stando dritto sarai costretto a piegare maggiormente la moto per seguire la traiettoria.

Al contrario, sporgendoti molto dalla moto, la stessa traiettoria la potrai percorrere con angoli di piega leggermente ridotti a scapito, però, della sensibilità in curva e della velocità di movimento in sella.

Personalmente non sono uno che in curva si sporge molto dalla moto ma ho imparato, comunque, che un po' di movimento deve sempre esserci per aiutare la moto a girare. In ogni caso ho migliorato il mio stile cercando di adattare la mia corporatura (sono 1,82 m) a uno stile di guida redditizio.

Per esempio, nei tornanti lenti, dove ho la sensazione di perdere l'anteriore, cerco di sporgermi moltissimo per piegare il meno possibile e rialzare la moto al volo per uscire in accelerazione.

Al contrario, in curve medio-veloci, sposto il sedere quel tanto che basta tenerlo per metà sulla sella e per metà sul bordo interno, in modo da poter caricare meglio le pedane e i manubri, e avere la libertà di rialzarmi in maniera rapida.

Stai reattivo sulla sella

Guidare la moto al limite richiede continui movimenti e correzioni. Abbiamo già visto l'influenza della nostra posizione, come caricare pedane e manubri e l'importanza della testa. Ora devi capire che, per governare la moto al meglio, hai bisogno di fare movimenti continui per controbilanciare la reazione della moto sotto di te.

Per esempio, quando si arriva in prossimità di una curva, è importante farsi trovare già pronti per curvare, spostando leggermente il sedere verso l'interno della curva mentre ancora si è sul dritto in pieno.

Se vuoi andare forte, non devi rimanere fermo sulla sella, frenare e poi, mentre freni, spostarti all'interno. Mettersi già in posa, pronti per la percorrenza, è fondamentale.

Anche in uscita di curva non devi rimanere piantato all'interno fino alla fine della curva. Quando ormai sei in prossimità della fine della traiettoria in accelerazione, devi spostare i glutei all'esterno della sella per caricare bene il posteriore.

Questi movimenti portano via molta energia, ma sono necessari per andare veramente forte in moto; è richiesta una buona preparazione fisica, ma quella la vedremo in seguito, quando consiglierò gli esercizi per affaticarsi meno durante la guida.

Riduci i tempi morti

Questa è la cosa più difficile in assoluto da mettere in pratica, perché bisogna violentare moltissimo i propri sensi. Per "ridurre i tempi morti", intendo tenere il meno possibile il gas chiuso. E voi direte: «Grazie! Ma va?»

Mi riferisco in particolar modo al passaggio tra l'ingresso in curva e la percorrenza: se vuoi veramente andare forte devi dimenticare la percorrenza a gas chiuso.

Una volta finita la fase di ingresso in curva, devi subito prendere in mano il gas con delicatezza e "mettere in tiro la moto". Appena messa in tiro la catena, cerca di raddrizzare la moto e vedrai che sovrasterzerà leggermente, facendoti uscire in un attimo. Il tutto senza darti l'impressione di buttarti per terra.

Come affrontare una pista nuova

Capita, a volte, di rompere la routine e di andare su piste nuove. Affrontare una pista sconosciuta è tutt'altro che uno scherzo, perché bisogna cercare di trovare subito le traiettorie ideali e sicure.

Un consiglio che ho sempre dato ai miei allievi è quello di entrare e fare almeno una decina di giri usando il rapporto più lungo (o almeno solo 4ª, 5ª e 6ª) in modo da avere un'erogazione dolcissima che permette di imparare bene le curve e di concentrarsi sulle traiettorie.

Solo successivamente si può cominciare a usare il cambio in

modo più deciso, allo scopo di capire bene quale marce usare ed, eventualmente, capire la corretta rapportatura.

Importante: prima di toccare qualsiasi cosa sul setting, è necessario trovare la rapportatura corretta (adattandola cambiando corona o, in caso estremo, il pignone) perché fare il setting con dei rapporti sbagliati è **inutile**. Infatti, cambiare corona fa mutare l'interasse della moto perché, a meno che tu non abbia catene di diversa lunghezza, una corona più grande riduce il passo, mentre una corona più piccola lo aumenta.

Come abbiamo visto in precedenza, cambiare il passo significa cambiare la distribuzione dei pesi. Quindi, se fai il setting prima di cambiare corona, lavori per nulla.

La guida sul bagnato

A volte capita: nella tua giornata di pista viene giù il finimondo. Cosa fare? Prenditi un bel paio di rain e vai a girare!!

Guidare sul bagnato è molto difficile perché tutte le sensazioni vengono amplificate e bisogna davvero stare attenti.

Figura 16 – Sul bagnato l'errore è dietro l'angolo.

Il consiglio che ti posso dare è di regolare l'idraulica ammorbidendo tutta la moto. Devi pensare che, guidando in maniera più dolce, la moto dovrà comunque caricare bene i pesi, sia sull'anteriore sia sul posteriore, in modo da non perdere grip e stabilità.

Inoltre, anche tu dovrai adattare il tuo stile di guida alla situazione, perché dovrai piegare molto meno e sporgerti di più dalla moto.

Le attuali gomme rain in commercio ti permetteranno di mettere comunque il ginocchio in terra, puoi stare tranquillo. Bada bene, però, a guidare dolce, trasferendo i carichi con leggerezza ed evitando tutte le manovre brusche che ti farebbero andare in terra.

La caduta

So che questo è un argomento delicato e spero che questi miei consigli non ti debbano mai servire, ma l'ebbrezza dell'andare in moto è data proprio dall'equilibrio precario che cavalchiamo.

Ci sono molti modi di cadere, ma in ogni frangente è importante cercare di tenere lontana la moto. Quando ormai ti sei reso conto che non c'è nulla da fare, lasciati scivolare, perché la moto potrebbe riprendere grip di colpo facendoti sbalzare dalla sella, magari peggiorando la situazione.

L'importante è **mai** e dico mai cercare di alzarsi quando ancora non ci si è fermati del tutto. Volersi alzare in piedi a tutti i costi mentre stiamo ancora scivolando per le vie di fuga può costare molto caro a caviglie, ginocchia e tibie.

La scivolata

Questa è la più classica delle cadute: entri in curva un po' troppo frenato e... l'anteriore scappa via! In questo caso l'unica soluzione è cercare di togliere immediatamente le gambe e le caviglie da sotto la moto per evitare slogature e, soprattutto, lasciare i manubri per evitare danni alle mani. Dopodiché, cercare di raccogliere le mani intorno al petto e aspettare di fermarsi.

Solitamente le scivolate sono senza conseguenze per il pilota, che si troverà con qualche abrasione in giro per il corpo ma nulla più.

L'high side

Questa caduta è tremenda e nemmeno così improbabile, e di solito è quella che fa più danni di tutti perché si cade dall'alto e il nostro corpo assorbe il colpo senza alcuna possibilità di dissipare l'energia accumulata.

Dovesse succedere, molla subito i semimanubri, perché se ti ribalti in avanti, rischi la frattura di entrambi i polsi. Generalmente si cade di schiena, quindi non badare a spese in fatto di protezioni posteriori.

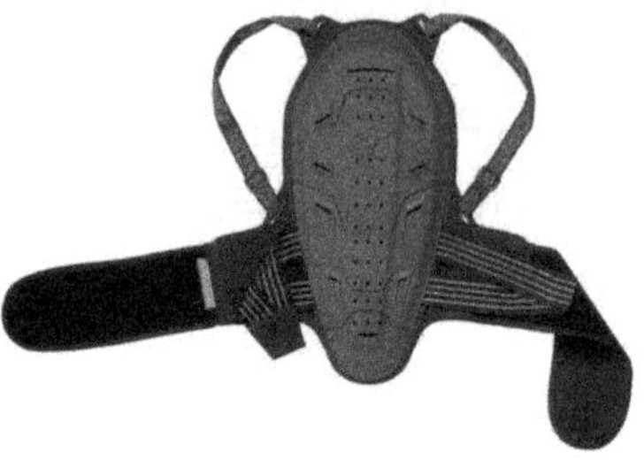

Figura 17 – Un paraschiena ti può salvare in caso di caduta: mettilo sempre.

Le regole della pista

Andare in pista significa divertirsi potendo sfruttare al massimo la nostra moto e non dovendo rispettare i limiti di velocità e il normale codice della strada. Questo però non vuol dire che non vi siano delle regole da seguire per la nostra sicurezza e per quella degli altri.

I pericoli ci sono anche in autodromo e possono causare moltissimi danni se non stiamo attenti. Ora descriverò le regole di base, le bandiere e quanto bisogna assolutamente evitare di fare per non combinare disastri.

Le bandiere

- *Bandiera gialla fissa*: pericolo rallentare – divieto di sorpasso.
- *Bandiera gialla agitata*: pericolo grave, rallentare eventualmente pronti a fermarsi – divieto di sorpasso.

Bandiera gialla a strisce verticali rosse: fondo stradale scivoloso per olio o altri motivi (ghiaia, terriccio, detriti ecc.).

Bandiera rossa: segnale di chiusura del percorso, terminare il giro e rientrare al box.

Bandiera bianca: segnala la presenza di un mezzo di servizio in pista (ambulanza, antincendio ecc.).

Bandiera verde: cessazione di pericolo precedentemente segnalato – pista libera.

- *Bandiera blu fissa*: avverte un pilota che è seguito molto da vicino da un altro.
- *Bandiera blu agitata*: avverte il pilota che un altro cerca o sta per sorpassarlo – agevolare il sorpasso.

Bandiera a scacchi: segnale di arresto al termine della corsa o del turno di prove: terminare il giro e rientrare al box.

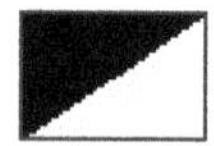

Bandiera divisa in due triangoli (bianco e nero): accompagnata dal numero di gara, ultimo avvertimento al pilota per condotta antisportiva, prima dell'esposizione della bandiera nera.

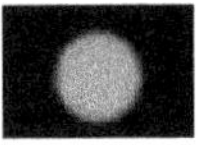

Bandiera nera con disco arancione: accompagnata al numero di gara, segnala al pilota che la sua moto ha problemi meccanici, o un principio d'incendio, e che deve rientrare ai box al giro successivo.

Bandiera nera: accompagnata al numero di gara, ordina al pilota di fermarsi al box entro tre giri dall'esposizione.

Le segnalazioni

Quando si cambia traiettoria, si rallenta per rientrare ai box; o nel caso si debba segnalare qualsiasi cosa stia accadendo in pista, lo si deve fare con braccia e gambe.

Quando per esempio si vuole rientrare ai box, è bene avvisare alzando il braccio almeno dall'ingresso precedente l'ingresso ai box.

- *Braccio sinistro alzato*: segnalazione di rallentamento. È bene spostarsi dalla traiettoria.

- *Gamba esposta*: segnalazione di rallentamento. Se la gamba esposta è la sinistra, le moto che seguono sfileranno a sinistra e viceversa.

Comportamenti da evitare in pista

Come ho accennato in precedenza, anche se la pista è un luogo dove si possono sfogare i nostri istinti, vanno rispettate alcune regole fondamentali per la nostra e l'altrui sicurezza:

- mai fermarsi se vedete un incidente, anche se vi è coinvolto un amico: è compito dei commissari e dei mezzi di soccorso;
- evitare manovre brusche come chiudere il gas in rettilineo, frenare di colpo, zigzagare, cambi di traiettoria improvvisi;
- in caso di spegnimento della moto per problemi meccanici, accompagnare la moto fuori dalla pista e seguire le indicazioni dei commissari;
- all'esposizione della bandiera a scacchi, non rallentare bruscamente, ma terminare il giro e rientrare ai box;
- evitare comportamenti stupidi nella corsia box e nel paddock come impennate, *stoppies* ecc.

RIEPILOGO DEL CAPITOLO 3:

- SEGRETO n. 7: la pista non è la strada! In strada non riuscirai mai e poi mai a ripetere le evoluzioni che fai in pista e a raggiungere la stessa velocità.
- SEGRETO n. 8: L'inserimento in curva comincia molto prima della frenata: posizionarsi con calma durante la curva significa perdere molto tempo e turbare l'assetto della moto aumentando il rischio di caduta.
- SEGRETO n. 9: l'inserimento è la parte più delicata, perché si entra in curva ancora con i freni leggermente tirati e si corre il rischio che l'anteriore prenda sotto facendovi scivolare.

CAPITOLO 4:

Come regolare le nostre sospensioni

La regolazione delle sospensioni è molto delicata ed è un mondo nel quale ci si può perdere facilmente. La regolazione si divide in due campi ben distinti: le regolazioni meccaniche e le regolazioni idrauliche.

Partiamo dalle basi

Quando si parla di entrare in pista, la prima cosa che viene in mente è: «Devo indurire tutte le sospensioni», perché è anche la prima cosa che gli "esperti da bar" consigliano. Bene, avere la moto "dura" è una leggenda metropolitana che va sfatata per due motivi: prima di tutto l'assetto varia con il variare del nostro tempo sul giro. Quindi se giri molto lento in un circuito, avere una moto assettata da uno che gira 20 secondi più veloce di te potrebbe crearti non pochi problemi.

In secondo luogo, la sospensione deve sempre e comunque

lavorare, deve poter copiare le asperità della pista. Va da sé che, se su quelle asperità ci passiamo a 60 km/h e, la volta successiva a 80 km/h, la sospensione deve essere regolata di conseguenza. E qui si torna al primo punto che ho spiegato.

SEGRETO n. 10: l'assetto della moto varia al variare del tempo sul giro perciò, in base a questo, bisogna regolare le sospensioni per far in modo che lavorino sempre e bene, copiando le asperità della pista.

Prima di parlare della regolazione delle sospensioni, però, devo fare un'introduzione su come funzionano gli ammortizzatori e solo successivamente parleremo di regolazioni varie. Questo è un argomento veramente importante che, spesso, non viene preso in considerazione, con il risultato di avere persone che si mettono a girare viti e regolazioni delle sospensioni senza avere un'idea chiara di quello che succede all'interno.

Armati dunque di pazienza perché, passo a passo, arriveremo a regolare la nostra moto per poi trovare quel feeling di cui si parla sempre e che spesso non arriva.

Come riferimento, prenderò una supersportiva, la Yamaha R1, che dispone di tutte le regolazioni del caso. Ma andrebbe benissimo anche una Suzuki, o una Honda 1000 Firblade, o qualsiasi altra supersportiva moderna. L'importante è imparare a individuare facilmente dove e come intervenire.

Com'è composta una sospensione

Le sospensioni della nostra moto sono disegnate e progettate soprattutto per assorbire le imperfezioni della strada, ma devono anche assicurare che le gomme mantengano un buon contatto con il suolo. Tutte le sospensioni sono dotate di molle piuttosto dure,che hanno la caratteristica di comprimersi ed estendersi ma che, estendendosi, hanno anche la brutta propensione, nel nostro caso, al rimbalzo.

Se avessimo solo molle nelle sospensioni, le ruote continuerebbero a rimbalzare sul terreno, esattamente l'opposto di quello che vorremmo che facessero. Per correggere questo fenomeno dinamico si usano gli ammortizzatori.

Un ammortizzatore somiglia molto a una pompa da bicicletta

riempita di olio: potrà pompare più o meno rapidamente in base al diametro del foro da cui viene pompato fuori l'olio e dalla densità del medesimo.

Tutte le moto hanno le molle e gli ammortizzatori. Le molle sono visibilissime nella sospensione posteriore (il mono) mentre, nella sospensione anteriore (la forcella), sono contenute all'interno dei foderi, quindi non le vedi, ma sono lì dentro con il loro ammortizzatore.

Il fatto che spesso la pista, in quanto ad asfaltatura, sia migliore di una strada non deve trarre in inganno. In pista le sospensioni lavorano parecchio soprattutto perché, data l'alta velocità, devono compensare frenate violente e compressioni notevoli in curva quando si è piegati. In più la sospensione della tua ruota anteriore è indipendente dalla sospensione della ruota posteriore e reagiscono in modo completamente differente in base alla pista e anche in base alla guida.

Gli ammortizzatori

Esistono due tipologie di ammortizzatori in una moto: quelli anteriori e quelli posteriori. Quelli posteriori sono facilmente individuabili, mentre quelli anteriori sono contenuti all'interno delle canne della forcella.

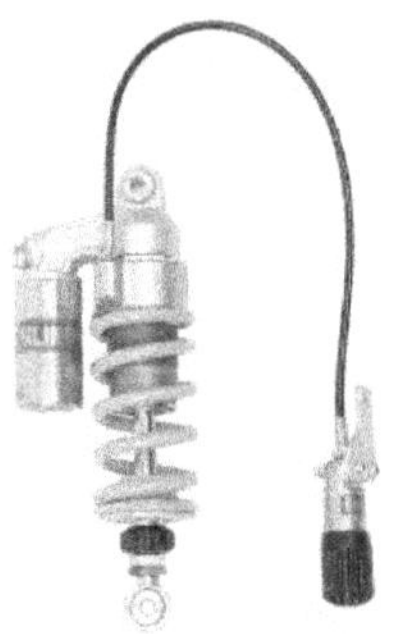

Figura 18 – Ammortizzatore posteriore (Ohlins).

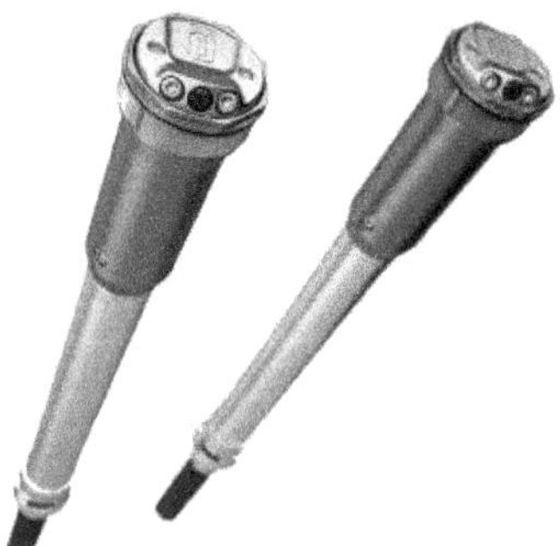

Figura 19 – Ammortizzatori contenuti nella forcella (Ohlins).

Di ammortizzatori oggi ne trovi di sofisticatissimi: per esempio quelli della Ohlins, che costano anche un bel pacchetto di soldi, ma tutti i moderni ammortizzatori da moto hanno grossomodo le stesse caratteristiche, cioè un pistone con un diaframma che scorre dentro a un cilindro.

Il diaframma è fatto in modo da lasciar passare l'olio contenuto, sia quando scende sia quando sale, sfruttando l'effetto frenante causato dall'olio. Il passaggio dell'olio avviene attraverso dei fori calibrati nel diaframma o attraverso a dei dischi che si possono regolare modificando l'area del foro restringendolo o allargandolo.

Variando il flusso dell'olio si entra nel campo delle regolazioni idrauliche delle sospensioni.

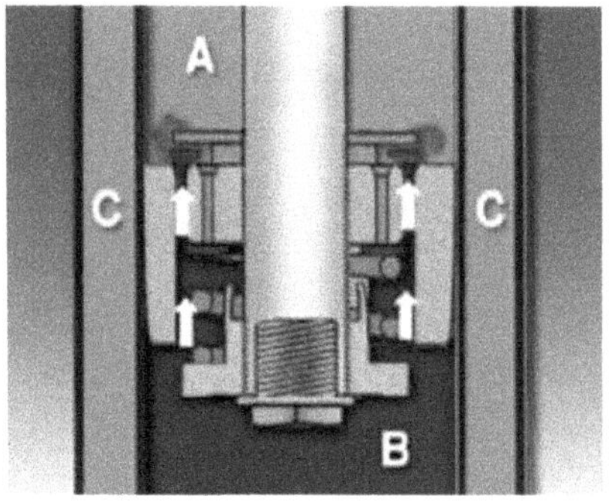

Come accennato più sopra, l'olio di un ammortizzatore ha caratteristiche proprie di viscosità e di densità, che vanno prese in considerazione perché combinano in modo significativo la capacità dell'ammortizzatore di assorbire più o meno le sollecitazioni che gli vengono passate dalla sospensione.

Il passaggio dell'olio non avviene con la stessa velocità di quando il diaframma scende o sale, il controllo in questo caso viene fatto con un altro pacchetto di lamelle che ne limitano la capacità di passaggio attraverso i condotti, che sono diversi se il diaframma scende o se sale variando di conseguenza la velocità di passaggio attraverso i condotti specifici. Praticamente le lamelle funzionano da valvole di blocco a certe velocità.

Figura 20 – Esploso del diaframma interno agli ammortizzatori Ohlins.

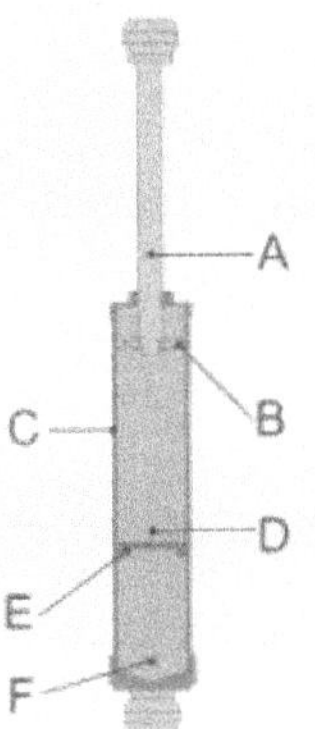

Nella grafica qui sopra, l'olio è la parte gialla, mentre la parte blu è un gas inerte (oppure aria) che viene utilizzato in tutti gli ammortizzatori moderni per evitare che lo sbattimento che subisce l'olio attraverso il movimento di sali e scendi del pistone-diaframma lo rovini (emulsione).

Per separare l'olio dal gas, si inserisce un diaframma mobile che consente al gas di comprimersi e di espandersi bloccando appunto lo sbattimento dell'olio:

- asse di scorrimento dell'ammortizzatore;
- diaframma solidale all'asse;

- cilindro di contenimento;
- olio;
- diaframma di scorrimento e separazione olio-gas;
- gas (in genere azoto o aria).

Sulla tua supersportiva spesso esiste un altro ammortizzatore, che è quello dello sterzo, che non ha la molla come le sospensioni, ma ha una regolazione idraulica che agisce sul pistone interno, per renderlo più o meno duro nel funzionamento.

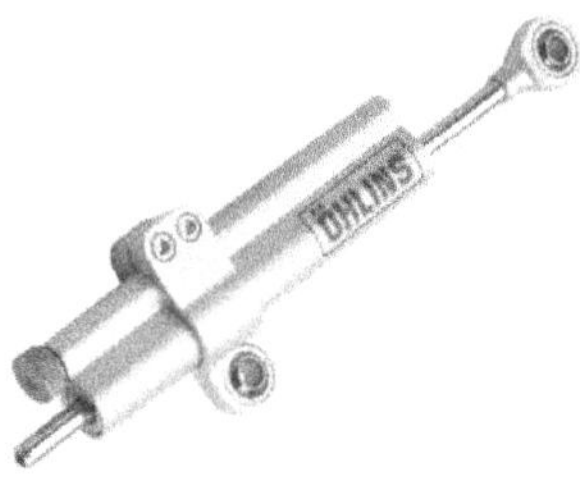

Figura 21 – Esempio di ammortizzatore di sterzo.

Sulla convenienza di avere o di non avere un ammortizzatore di sterzo io sono del parere che, se si fanno viaggi molto lunghi, è utilissimo, mentre in pista va regolato in modo che non intralci troppo.

SEGRETO n. 11: l'ammortizzatore di sterzo deve intervenire solo se l'anteriore ti sbacchetta, ma non deve impedirti di tirare o spingere il manubrio opponendo una resistenza; per questo spesso non viene utilizzato da certi piloti, regolato al minimo o lasciato libero di muoversi avanti e indietro.

Non dimenticare di cambiare l'olio della forcella, direi almeno una volta ogni 2 anni, oppure ogni 30.000 km se guidi turisticamente e non hai troppo carico di bagagli, altrimenti ogni 15-20.000 km. Se invece usi la moto esclusivamente in pista, ti consiglio di revisionare le sospensioni ogni anno. In realtà non è che l'olio si consuma, ma con il tempo perde di caratteristiche; perdendo di viscosità fa calare drasticamente le prestazioni delle sospensioni e può trafilare dai paraolio, rovinandoli.

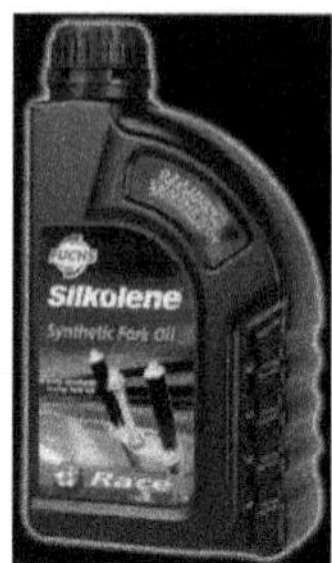

Figura 22– Olio per forcelle e ammortizzatori di alta qualità.

Le sospensioni ben regolate durano di più e fanno guidare meglio e con maggiore sicurezza. Pensaci bene, perché vedo persone che se ne fregano e vedo moto che, a ogni staccata, sembrano delle barche!

Allineare la moto

Prima di iniziare qualsiasi verifica dello stato delle regolazioni delle sospensioni della nostra moto, è molto importante controllare che la ruota posteriore e quella anteriore siano allineate correttamente: il disallineamento della ruota anteriore può avvenire per via di una rotazione delle canne della forcella (difficile, ma possibile) di una loro regolazione asimmetrica in altezza e di un disallineamento della ruota posteriore (eventualità più difficile, ma possibile).

La verifica del corretto allineamento della forcella rispetto al mozzo della ruota si fa misurando con precisione di quanto sporgono le due canne dalla piastra di sterzo superiore: se sono a filo lo si vede a occhio, se sporgono di qualche millimetro o centimetro va misurato con un calibro di precisione.

Il disallineamento in verticale e in rotazione delle due canne della forcella si può anche verificare sfilando l'asse che tiene la ruota: in condizioni normali dovrebbe uscire molto facilmente, se invece si impunta, ovviamente c'è un problema di allineamento.

Si può anche notare dal consumo anomalo di un lato della gomma, oppure dal consumo anomalo di una delle due coppie delle pastiglie dei freni a disco. Infatti, se le canne non sono più che allineate, la moto consuma in modo anormale sia le gomme sia i freni. Se invece le due canne sono anche una più alta e una più bassa, si potrebbe percepire quando si curva, perché da una parte la moto curva facilmente e dall'altra no.

Detto questo, prendi dello spago e fallo girare dietro la ruota posteriore; portalo a forma di "U" fino ad arrivare davanti alla ruota anteriore e bloccalo in modo che tocchi leggermente i due lati della gomma posteriore. Se li tocca vuole dire che rispetto a quella gomma è perpendicolare. Misura la distanza della gomma anteriore dallo spago, da entrambi i lati, che deve essere uguale da entrambe le parti, nel qual caso la ruote sono allineate.

Altra soluzione è quella di utilizzare un'asta abbastanza lunga, magari di alluminio, ma che sia veramente dritta, appoggiata di nuovo sui due lati della gomma posteriore e poi misurare da entrambi i lati della moto: se le distanze della gomma anteriore dall'asta sono uguali, siamo a posto.

Se invece non sono allineate, verificate la forcella e la vite di allineamento della ruota posteriore che scorre sul suo mozzo, sia a destra sia a sinistra. In genere ha anche delle tacche di riferimento che aiutano ad allinearla.

Il precarico e il Sag

A questo punto fatte queste verifiche che, ripeto, nella vostra moto dovrebbero essere comunque a posto, regoliamo il precarico. La sospensione anteriore e quella posteriore, come abbiamo visto, hanno una "corsa". La illustro con delle semplici immagini che mostrano la molla in rosso e l'ammortizzatore e che servono solo come effetto grafico per capire come si muove la molla senza carico, con carico neutro, con carico e pilota e sotto carico totale, per esempio, in frenata:

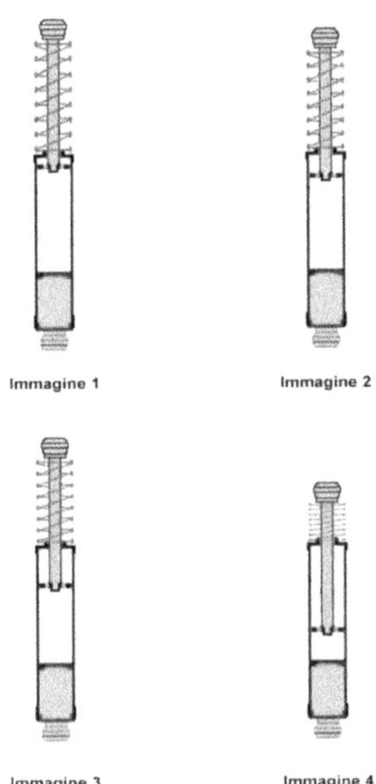

Figura 23 – Immagine 1: molla completamente distesa (moto sollevata da terra); immagine 2: molla leggermente compressa regolata sul peso della moto; immagine 3: molla compressa regolata sul peso del pilota e moto; immagine 4: sotto carico totale (per esempio in frenata, se parliamo della sospensione anteriore).

Il Sag è l'estensione delle sospensioni e si misura in millimetri. Qui di seguito ti mostrerò come misurare e regolare i valori di Sag. Tieni presente che tutte queste operazioni andrebbero fatte con l'idraulica completamente aperta (freno in estensione e in compressione di forcella e mono).

SEGRETO n. 12: aumentando il precarico delle molle si riducono i valori Sag e la moto si alza: riducendo il precarico della molla aumentano i valori Sag e la moto si abbassa.

Il Sag statico

Per Sag statico si intende la misura della compressione costante sulle sospensioni senza di voi seduti sulla moto. Per prima cosa va misurato lo stato attuale del Sag della moto: per farlo, la moto va completamente sollevata da terra in modo che le sospensioni si scarichino completamente da qualunque peso.

Scaricare le sospensioni completamente non è sempre facile: la forcella si può scaricare con il cavalletto, che solleva l'anteriore dal cannotto di sterzo, ma sollevare il posteriore non è sempre facilissimo.

Una soluzione consiste nel farsi aiutare da un paio di amici forzuti che sollevano la moto mentre prendi le misure o, se hai montato il cavalletto laterale, fare leva sulla stampella per sollevare le ruote.

Le misure vanno prese in modo abbastanza preciso, quindi serve un punto di riferimento che resterà lo stesso per la moto con sospensioni scaricate, con la moto con il suo peso sulle sospensioni (Sag statico) e con noi seduti sopra (Sag dinamico).

Fai come preferisci, ma fai attenzione perché queste misure sono quelle che ti servono per regolare il precarico che è la base senza la quale si lavora alla cieca. Quindi, scrivi tutte le misure, in millimetri, su un foglietto.

Nel caso della forcella la misura da prendere è l'estensione dello stelo: puoi prendere la misura dalla base al paraolio delle canne.

Per il posteriore dovrai prendere la misura dal perno della ruota al riferimento che vi siete posti (il telaietto posteriore, le pedane passeggero), l'importante è che sia circa perpendicolare al terreno.

Dai un'occhiata a questa immagine che mostra chiaramente quale misura va presa.

Appoggia la moto per terra e riprendi le stesse misure con gli stessi punti di riferimento. Sottrai le misure prese con la moto appoggiata in terra alle misure prese con la moto sospesa e otterrai il valore di Sag statico.

In genere, il valore di Sag statico della sospensione anteriore dovrebbe essere di 23-27 mm per un utilizzo stradale e 18-22 mm per la pista. Il posteriore dovrebbe essere 10-14 mm per l'utilizzo stradale e 8-10 mm per l'uso in pista.

Il Sag rider

Adesso dovrai fare la stessa operazione, ma sedendoti sopra la moto e rilevando la misura solo al posteriore. La differenza fra la misura con te seduto sopra e quella presa in precedenza con la moto sospesa dovrebbe essere compresa tra i 25 e 30 mm su pista, 25-35 mm su strada.

Come modificare i valori di Sag

Come accennato prima, per variare i valori di Sag e portarli a quelli desiderati, bisogna lavorare sul precarico delle molle: aumentare il precarico per abbassare il Sag, diminuirlo per aumentare il Sag.

Sulla forcella, individua la regolazione del precarico che è quella che si trova alla fine superiore delle canne della forcella da dove sbuca dalla piastra di sterzo superiore:

Figura 24 – Ecco la testa della forcella. La vite a taglio è la regolazione dell'estensione.

La lettera A identifica la vite (che nella foto è blu, ma può essere oro, alluminio o nera a seconda della sospensione) di precarico che va avvitata o svitata per portare la misura di Sag a specifiche standard, che dovrebbe essere 23-27 mm per un utilizzo stradale, 18-22 mm per la pista (per lo meno è una buona regolazione di partenza).

Se guardi bene la regolazione (vite blu), vedrai che ha due tacche laterali dove si può operare con una chiave regolabile e girare il tutto in senso orario per aumentare il precarico e quindi diminuire la differenza delle due misure che abbiamo preso: se era di 35 mm ruotiamo fino a che diventa di 22 mm; se invece era di 15 mm ruotiamo in senso antiorario fino a che diventa di 20 mm.

SEGRETO n. 13: le regolazioni del precarico vanno fatte su entrambe le viti della forcella delle canne di destra e di sinistra: cercate di farle identiche.

Ricordati di controllare quanto giri e di scriverlo, così se ti sbagli potrai facilmente tornare alla misura precedente. Un accorgimento è mettere una fascetta intorno al tubo in acciaio della sospensione anteriore, lasciandola abbastanza libera di scorrere. Iniziare con la fascetta appoggiata al paraolio faciliterà la verifica delle misure.

Scorrendo, la fascetta ti fa anche vedere, quando guidi, quanto affonda la sospensione, quindi non dovrebbe arrivare fino in fondo, ma fermarsi circa 10 mm prima di raggiungere la massima compressione (guarda la foto).

In genere, sul libretto in dotazione alla tua moto dovrebbe essere scritto il valore in millimetri del Sag standard, come dicevo, generalmente regolato su un pilota di 70 kg di peso.

Se pesi un bel po', oppure vuoi avere la moto regolata per le vacanze con ragazza e bagaglio al seguito, chiaro che dovrai avvitare la vite fino a portare il precarico statico al suo massimo valore, per esempio 38-40 mm. Al massimo, se la vite arriva tutta dentro a filo canna forcella dovrai cambiare le molle interne con molle più dure.

Per esempio, nel mio caso è esattamente il contrario. Dato che peso poco, ho dovuto montare delle molle più soffici, ma già che c'ero ho montato delle molle migliori di quelle originali (delle Hyper a compressione lineare). Attenzione però: io sono un tantino fanatico di queste cose ma non è assolutamente detto che dobbiate cambiare le molle della vostra bella R1.

Passiamo alla regolazione del precarico della sospensione posteriore; concettualmente si lavora come sulla sospensione anteriore.

Guarda bene il tuo ammortizzatore (qui si parla di mono) posteriore, dove o sopra o sotto di esso, dipende come è montato, esistono due ghiere (B) particolari, che servono per regolare il precarico del mollone.

Dato che si dovrebbero individuare molto bene passo alla loro regolazione, dove si tratta di svitarle o di avvitarle lungo la filettatura dell'ammortizzatore:

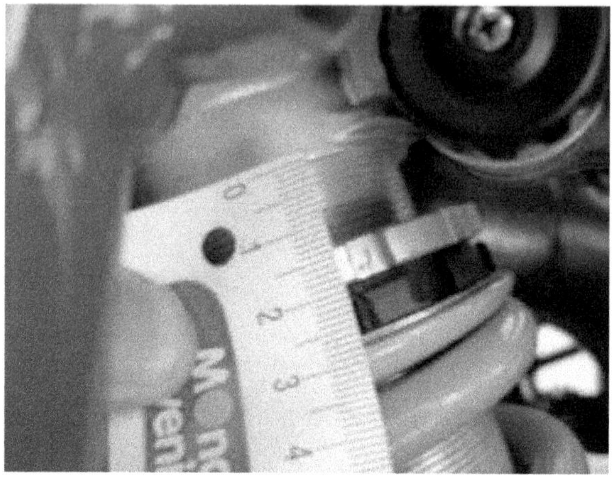

Mettici vicino un centimetro come nella foto e scrivi la misura fra l'inizio della molla e l'inizio della filettatura dell'ammortizzatore (nella foto è di 27 mm). Importante: non scordarti di scrivere il tutto in modo da poter sempre tornare indietro.

Poi regola la misura che hai preso del Sag statico. Sulla sospensione posteriore dovrebbe essere di circa 8-10 mm: portalo a circa 25-30 mm con te seduto sopra.

Se il valore è superiore, svita le ghiere, avvitale per comprimere la molla e quindi ribloccale una contro l'altra, altrimenti svitale leggermente, ribloccale e rimisura il tutto. Scrivi, mi raccomando!

Per fare questo esiste uno strumento apposito che è la chiave a "C":

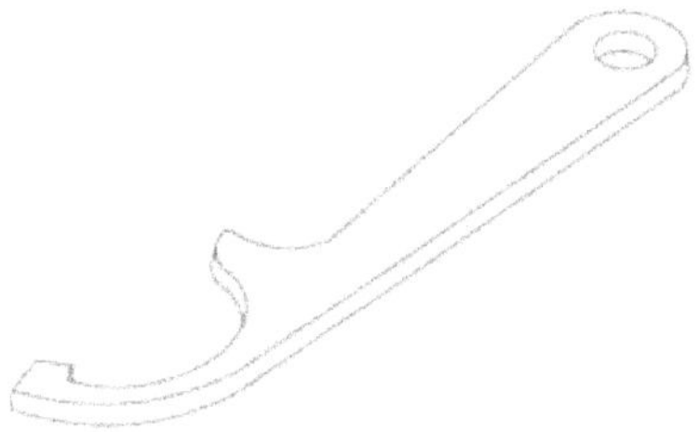

Come regola generale, se devi avvitare le due ghiere per più di 5 giri hai una molla troppo soffice che va assolutamente cambiata.

Il precarico posteriore è molto importante perché ci consente anche di cambiare la geometria della nostra moto, cioè se lo aumentiamo, aumentiamo anche la pressione sulla forcella perché stiamo alzando il posteriore della moto.
In senso pratico, se quando curvi sembra che la moto tenda a sedersi, aumenta il precarico posteriore fino a che senti che il posteriore ti sostiene meglio. Queste regolazioni dipendono molto dal tuo modo di guidare e dalla tua sensibilità, quindi è difficile indicarti a priori una regolazione buona per te: provaci a piccoli passi e scrivi tutto.

Riassumiamo i valori di Sag statico:

Ecco una semplice tabella per riassumere i valori di Sag statico. Tieni conto che questo valore è fondamentale: se è insufficiente l'anteriore tenderà a sbacchettare perché non riuscirà a copiare bene le asperità dell'asfalto; se il problema interessa il retrotreno, la ruota motrice tenderà a saltellare e/o sbandierare.

	ANTERIORE	ANTERIORE	POSTERIORE	POSTERIORE
	Strada	Pista	Strada	Pista
600 – 1000	23 – 27	18 – 22	10 – 14	8 – 10
250	19 – 23	16 – 20	9 – 13	7 – 10
125	16 – 20	14 – 18	8 – 12	6 – 10

Nel malaugurato caso in cui ti trovi a dover correre sul bagnato, adopera le indicazioni "Strada".

Le regolazioni idrauliche

Abbiamo visto come si regola la parte meccanica di una forcella e di un ammortizzatore, cioè le molle, adesso vediamo come si regola la parte idraulica: armati di pazienza e di cacciavite o di chiave a brugola!

Visto che parliamo di olio idraulico ecco come si fa il "pieno" delle canne della forcella, dopo aver svitato il cilindro filettato superiore, ricordo anche che le forcelle rovesciate sono molto più sensibili al livello dell'olio di quelle normali. L'immagine qui sotto si riferisce a una forcella rovesciata come si trova oggi su tutte le supersportive stradali:

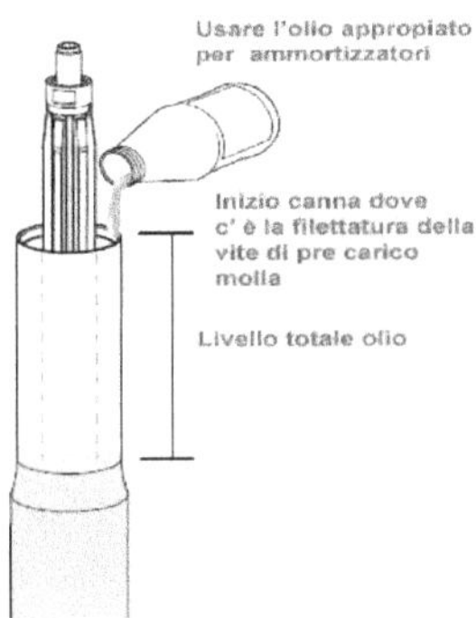

Se quando cambi l'olio alla forcella lasci un po' di aria, questa influenzerà il comportamento della sospensione: con uno spazio di aria la sospensione sarà più morbida, senza aria la sospensione sarà più rigida. Ciò accade perché anche l'aria, insieme all'olio, fa parte di un effetto ammortizzante.

L'idraulica di una sospensione ha come scopo di limitarne la velocità di movimento, sia in compressione sia in estensione, anche perché, essendoci di mezzo una molla, se non avessimo un fluido (olio da sospensioni) che controlla il tutto andremmo avanti rimbalzando come canguri.

Abbiamo già parlato degli ammortizzatori e di come il loro pistone interno gestisce il passaggio dell'olio.

Questo stesso pistone viene influenzato dalle regolazioni idrauliche che consentono di far passare più o meno olio dalle due parti della canna che il pistone, scorrendo all'interno, divide in due.

Ecco un'immagine che visualizza il passaggio olio nel pistone:

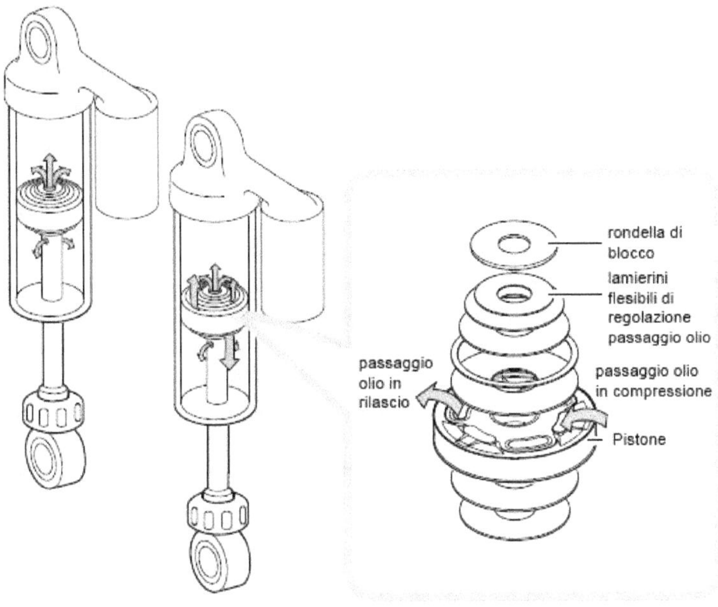

Il freno in estensione della forcella

Il freno in estensione regola il "ritorno" della sospensione. Quando la forcella (o il mono) viene compressa, per esempio durante una frenata, al rilascio dei freni ritorna in su: questa regolazione ne controlla appunto la velocità di ritorno.

Di solito la regolazione è piazzata al centro dell'altra vite del precarico, che nella foto qui è segnalata dalla lettera "C", mentre la vite di precarico è colorata in blu e l'esagono sotto alla vite blu è necessario per poter svitare il tappo della canna quando si vuole cambiare olio

Le lettere "S" e "H" stanno per *soft* e *hard*. Quindi, girando la vite verso sinistra, in direzione della "S", si ammorbidisce il ritorno, girandola verso destra, in direzione della "H", si indurisce (per regolare quella della foto serve un cacciavite piatto). Alcune sospensioni hanno addirittura un pomello che si può girare usando semplicemente le dita.

Qualche volta la regolazione è divisa in "click", altre in gradi, ma si tratta sempre di girare la regolazione a destra o a sinistra usando un cacciavite.

Attenzione, però: si gira pochissimo e non è come per il precarico a cui si possono far fare più giri; qui la regolazione è appunto di click, piccoli movimenti.

Per prima cosa azzera i click, quindi gira la regolazione con il cacciavite verso sinistra fino a che si ferma. A questo punto, appuntati il numero click che hai sentito, in modo da ricordare da quale punto sei partito.

Fatto questo, siedi sulla moto e, frenando con i dischi anteriori, spingi a fondo corsa la forcella. Mi raccomando, devi frenare energicamente e spingere in giù la moto senza rilasciare il freno anteriore.

Sempre con il freno tirato, lascia tornare in su la forcella e nota cosa fa: dovrebbe tornare su e poi giù di un tantino, e magari di nuovo in su e poi stabilizzarsi di nuovo in giù; è quello che in inglese si chiama effetto di *rebound.* Questo perché è stato azzerato l'effetto di ritorno.

Ora devi chiudere il ritorno, quindi avviti la vite della regolazione con il cacciavite, contando sempre i click, fino a che arrivi quasi alla fine della regolazione, ma dall'altra parte (lettera "H"). Una volta arrivato alla fine, torna indietro di un click.

Scrivi quanti click hai contato, così avrai anche un'idea di quanti click è fatta la regolazione dal massimo al minimo del ritorno.

Rifai i test della frenata con compressione della forcella e vedrai che adesso il ritorno è molto più lento, che la forcella tende a rimanere bloccata verso il basso e che risale molto lentamente. Rigira con il cacciavite in senso antiorario e fermati a metà dei click che ti sei segnato prima.

Ora prendi di nuovo la moto dai semimanubri con il freno tirato e premi verso il basso con forza la forcella, facendola oscillare tre-quattro volte, per poi mollarla di colpo.

Se il freno in estensione è ben regolato, la forcella dovrebbe estendersi e adagiarsi piano scendendo leggermente. Se la forcella tende a scendere e poi risalire, significa che è poco frenata, se invece sale piano e non si vede alcuna leggera discesa, è frenata troppo. Dovrai fare più tentativi per trovare la giusta regolazione e perdere un po' di tempo, ma ti assicuro che ne vale la pena.

Il freno in compressione della forcella

Ti dico subito una cosa: questa regolazione è molto personale e dovrai andare di intuito e sensibilità. La regolazione si trova in fondo alla forcella, o vicino al supporto delle pinze dei freni, accanto all'asse anteriore della ruota.

Anche qui si usa il cacciavite e si contano i click, ma invece di girare verso sinistra, gira verso destra, in modo che la regolazione di compressione viene annullata. Conta i click e scrivili così sai da dove sei partito. Se la regolazione si fa con una chiave a brugola, comportati come con il cacciavite.

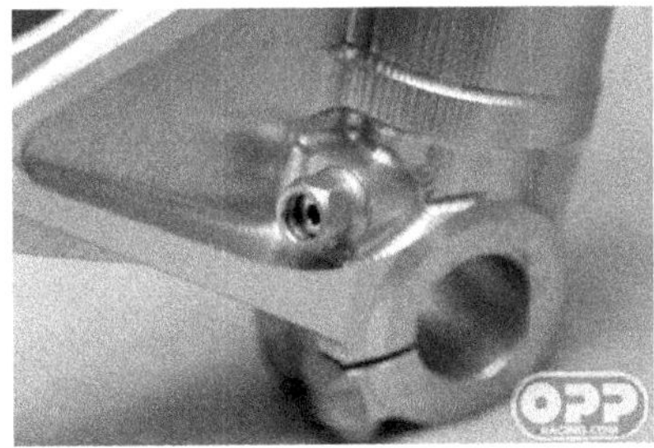

Ancora una volta, frena con una bella pinzata e spingi in giù l'anteriore: dovresti notare che va in giù con una certa facilità rispetto a prima, perché hai annullato il freno idraulico di compressione.

Torna a regolare con il cacciavite la vite di compressione e girala tutta dall'altra parte, fino a che si ferma, e conta i click. Riprova la compressione e noterai subito che la forcella si è alquanto irrigidita nello scendere.

A questo punto sta a te decidere quanto la vuoi rigida, quindi gira e conta i soliti click e riprova a sentire come ti sembra in compressione. L'ideale dovrebbe essere a circa metà dei due estremi, se non altro posizionati da quelle parti, ma prova a guidare per un po' e sentire come ti sembra.

Per avere un'indicazione, la forcella dovrebbe mantenere una corsa libera di 15-25 mm. Aiutati mettendo una fascetta sullo stelo della forcella.

Come ho già detto, è molto personale, ma se hai una buona

sensibilità di sterzo e una buona forcella, dovresti percepire molto bene due click di registrazione sia a destra sia a sinistra. Se non li senti, pazienza, vuol dire che ti terrai a metà regolazione e che va bene comunque così.

Regolazione idraulica monoammortizzatore

Si procede come per la forcella, solo che ti serve un amico che ti tenga la moto dritta davanti così puoi alzare in su o spingere in giù il codino, per verificare la velocità di ritorno dell'ammortizzatore posteriore.

Dopo di che, procedi con le regolazioni come hai fatto per la forcella, quindi controlla il rimbalzo a compressione totalmente scaricata, poi a forza di click destra o sinistra.

Per il freno in estensione, dovrai cercare di comprimere l'ammortizzatore facendo peso sulla sella e lasciandolo risalire. Il tempo di risalita dovrebbe essere intorno a un secondo e mezzo circa. Il freno in compressione, invece, non dovrebbe permettere all'ammortizzatore di arrivare a tampone.

Ci sono di diverse tipologie di ammortizzatori posteriori:

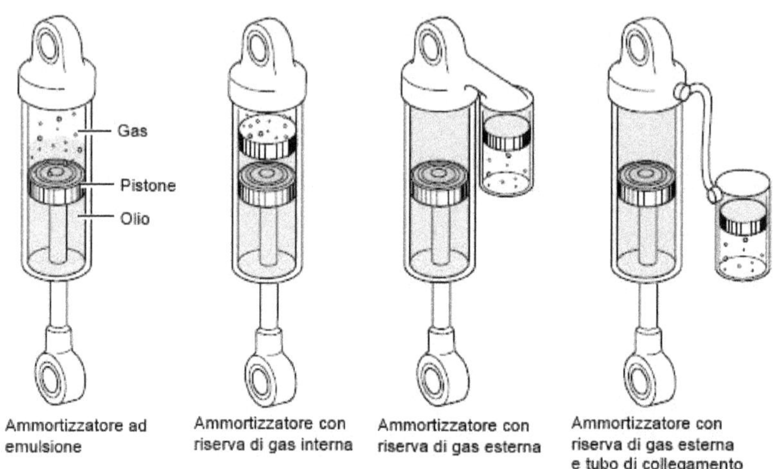

Ammortizzatore ad emulsione | Ammortizzatore con riserva di gas interna | Ammortizzatore con riserva di gas esterna | Ammortizzatore con riserva di gas esterna e tubo di collegamento

A parte il primo tipo, che non ha regolazioni, precarico molla a parte, in genere tutti gli altri si possono regolare. Dovrai individuare le regolazioni idrauliche della compressione e del rilascio.

Nell'immagine sottostante si vedono benissimo. Si tratta di un ammortizzatore per un motorino. Di fatto, se monti questo tipo di ammortizzatori da corsa su un motorino, puoi benissimo regolarteli da solo nello stesso modo in cui si regolano sulla tua moto.

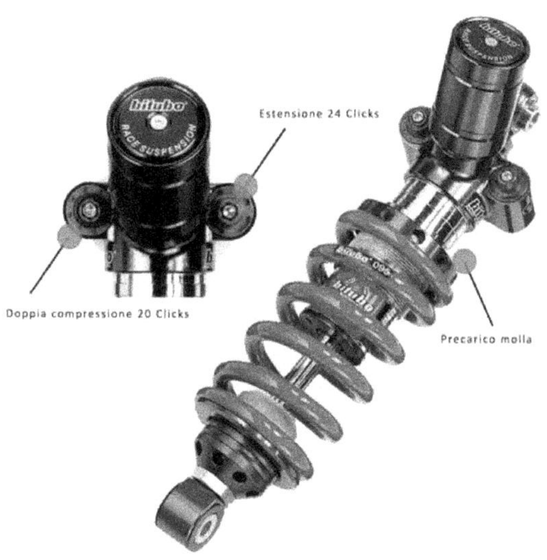

A questo punto dovresti avere chiare le regolazioni da fare, o per lo meno ti sarai impossessato della logica e il funzionamento interno di una sospensione. Spero che questo sia sufficiente per arrivare al tuo miglior comfort di guida.

Siamo arrivati alla fine delle regolazione delle sospensioni. Quello che manca è una tabella riassuntiva che ti indirizzi su quale soluzione sia quella giusta da intraprendere, riscontrando qualche anomalia mentre guidi in pista.

Tabella riassuntiva delle regolazioni

SITUAZIONE	DIFETTO O CAUSA	RIMEDIO
In staccata o in inserimento la moto salta o è instabile. Se la forcella arriva a fondo corsa, aumentare il precarico o sostituire le molle con altre più rigide o progressive; se invece fa poca corsa e diventa troppo rigida fino al bloccaggio, diminuire il precarico o la compressione. Se queste due regolazioni sono già ideali, controllate gli altri rimedi qui a fianco.	La forcella è ruvida o si muove a scatti.	Controllare la scorrevolezza della forcella, e soprattutto se correte in pista, diminuire la viscosità dell'olio.
	La forcella fa poca corsa.	Diminuire il livello dell'olio.
	La forcella arriva a fine corsa ma va bene in curva.	Aumentare il livello dell'olio.
	L'anteriore serpeggia. Troppo carico sullo pneumatico.	Aumentare la pressione del pneumatico, o abbassare lo posteriore togliendo precarico all'ammortizzatore
	Il posteriore sbandiera.	Aumentare la compressione statica dell'ammortizzatore, oppure indurire la forcella per ridurre la corsa.

Il posteriore saltella.	Aumentare il Sag statico dell'ammortizzatore (può anche essere un'eccessiva pressione del freno posteriore o il freno motore).
Nel momento della staccata la moto rimbalza.	Aumentare la compressione e, se non basta, anche l'estensione, ma senza esagerare (fluidi veloci).
In staccata l'anteriore rimbalza anche se non è a fondo corsa (*chattering*).	Lo stop idraulico o altri dispositivi speciali bloccano la forcella nella parte finale. Eliminarli e utilizzare molle più progressive.
Lo pneumatico scivola in staccata.	Diminuire la rigidità della forcella perché non fa una corsa sufficiente, o sostituire le molle con altre più morbide.
La forcella è rigida ma arriva a fondo corsa.	Diminuire il freno in estensione o sostituire le molle con altre più progressive

In piega la moto sembra imprevedibile e insicura tra staccata e accelerazione. Il lavoro passa dall'anteriore alla fase di appoggio di entrambe le sospensioni. Diventa predominante l'idraulica che controlla i tempi di movimento.	L'anteriore genera una sensazione di leggerezza in curva. La molla è troppo morbida nella parte finale.	Aumentare il freno in estensione o compressione (fluidi lenti). Oppure sostituire le molle con altre più rigide o progressive.
	Quando molli i freni l'ambiente si scompone.	Aumentare il freno in estensione.
	La forcella non copia bene gli avvallamenti del fondo.	Diminuire il freno in estensione.
	Si sentono troppo le asperità dell'asfalto.	Diminuire il freno in compressione all'anteriore e/o posteriore e poi il precarico dell'ammortizzatore e delle forcelle.
La moto è poco stabile nelle curve ad alta velocità. Riprendono importanza le molle che sono sollecitate dalla forza centrifuga.	Il baricentro è troppo alto.	Diminuire l'altezza della moto sia all'anteriore che al posteriore.
	Le sospensioni vanno a fondo corsa.	Aumentare il precarico e sostituire le molle con altre più rigide o progressive.

	La moto ondeggia o galleggia.	Aumentare il freno in estensione dell’ammortizzatore e/o della forcella (fluidi lenti; dipende da dove parte il difetto).
	Aprendo il gas di colpo il posteriore si schiaccia troppo velocemente diminuendo la stabilità,	Aumentare il freno idraulico in compressione.
Scarsa aderenza e instabilità della moto in uscita dalle curve. Dalla fase di appoggio si passa a un lavoro predominante dell’ammortizzatore, anche se l'avantreno conserva la sua importanza per il mantenimento della traiettoria.	La moto tende a derapare troppo. È alta dietro.	Abbassare il posteriore o alzare l’anteriore, in special modo se si verifica all’inizio dell’accelerazione.
	L’ammortizzatore non fa una corsa sufficiente, è troppo rigido e perde aderenza.	Diminuire il freno in compressione o il precarico dell’ammortizzatore.
	La moto è troppo rigida nei sobbalzi.	Diminuire il freno in estensione dell’ammortizzatore.
	La moto tende ad allargare la traiettoria.	Abbassare l’anteriore o alzare il posteriore. Oppure diminuire il freno in estensione sull’ammortizzatore.

	L'avantreno è impreciso e non tende la traiettoria: la forcella arriva al fondo corsa superiore.	Aumentare il Sag statico e/o il freno in estensione della forcella.
	L'avantreno è solo impreciso o sbacchetta.	Diminuire il precarico o il freno in compressione. Dopo aumentare il freno dell'ammortizzatore di sterzo.
	La forcella va bene in staccata, ma la moto allarga la traiettoria anche se è molto caricata di avantreno.	Sostituire le molle con altre più tenere o progressive. Questo si verifica con molle lineari o progressive monostadio molto rigide che non permettono alla forcella di schiacciarsi in curva.
Nelle "S" o nei cambi di direzione la moto è dura e instabile. In questa fase le sospensioni devono comprimersi ed estendersi nel modo più naturale, ma soprattutto lavorare in sintonia.	Freno in estensione.	Se troppo chiuso la moto non si estende e diventa dura da girare mentre, se troppo aperto, la moto cambia direzione più facilmente, diventa più ballerina e instabile.

	Freno in compressione.	Aumentandolo, la moto diventa più agile a discapito della tenuta, soprattutto sullo sconnesso.
	Eccessivo abbassamento della moto.	Aumentare il precarico anteriore e posteriore.
	Il baricentro della moto è troppo basso.	Aumentare l'altezza di guida della moto sia anteriore che posteriore.
	Ammortizzatore di sterzo troppo frenato.	Diminuire il freno o sostituirlo con uno migliore.
La moto è poco stabile o imprecisa in rettilineo. Controllare che la moto sia perfettamente in ordine e, in particolare, gli pneumatici, i cuscinetti di sterzo, i serraggi e che non vi siano rotture.	La moto non ha un buon equilibrio.	Bilanciare l'altezza di guida o accordare il funzionamento delle sospensioni.
	La moto è troppo rigida.	Ridurre il precarico della forcella e dell'ammortizzatore.
	Si verifica anche in curva.	Ridurre il freno in compressione delle forcelle e dell'ammortizzatore.

	Ammortizzatore di sterzo troppo frenato o difettoso.	Se si verifica solo alle basse velocità, diminuire la frenatura idraulica dell'ammortizzatore di sterzo, altrimenti revisionarlo o sostituirlo con un altro di qualità superiore.

La scelta delle gomme

Le gomme sono un altro componente fondamentale della nostra moto. Se giriamo con delle gomme vecchie, oppure ormai consumate, ovviamente i nostri tempi sul giro saranno pessimi e metteremo a repentaglio la nostra salute e quella della nostra moto.

In pista, le gomme sono sottoposte a uno stress davvero notevole, e devono essere scelte con attenzione. In particolare, è bene usare le mescole adatte alla stagione o alla temperatura.

Com'è fatto uno pneumatico

Cominciamo con il capire com'è formata una gomma e perché ci tiene attaccati all'asfalto.

Innanzitutto, quando parliamo di "gomme", commettiamo un

errore, grossolano ma perdonabile. Gli pneumatici, ormai, la "gomma" non sanno nemmeno cos'è, perché la composizione delle mescole è formata da silicio, carbonio e altre sostanze chimiche (polimeri ed elastomeri, roba da scienziati pazzi).

Cercherò comunque di farti vedere in modo sommario alcune cose particolari. Lo pneumatico è formato dalla carcassa, dalla mescola e dal battistrada.

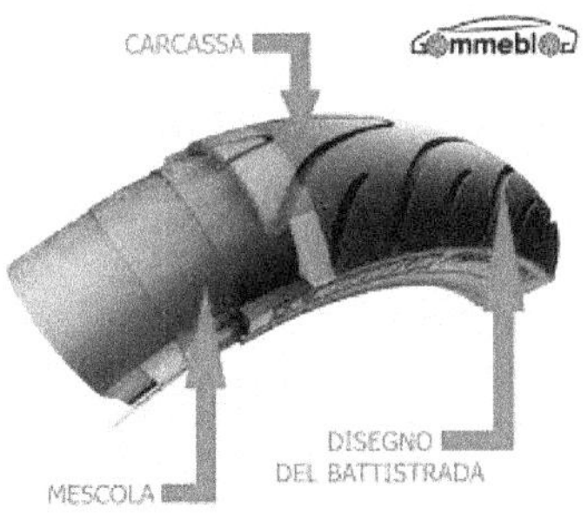

La carcassa è la cintura metallica su cui viene posata la mescola: in pratica è studiata per sopportare tutte le sollecitazioni a cui è sottoposta la gomma durante un giro. Può essere più o meno rigida e si deforma in modo da creare più superficie di contatto con l'asfalto.

La carcassa, inoltre, dà anche il profilo della gomma, che può risultare più o meno tondeggiante, oppure a forma di pera. La mescola invece è la parte di "gomma", che ha il compito di trattenere e dissipare il calore che si forma con il rotolamento.

Il battistrada serve, oltre che per far scorrere via l'acqua, a dare direzionalità alla gomma. In pratica, il battistrada serve anche per concentrare le forze in modo da tenere dritta la ruota mentre rotola (vedi il discorso del giroscopio affrontato all'inizio).

Lo pneumatico slick, infatti, non avendo battistrada, è molto più nervoso di una gomma stradale perché non ha direzionalità. Le gomme possono avere mescole "morbide" o "dure", ma non farti trarre in inganno da queste denominazioni approssimative, e ti spiego il perché.

La scelta della mescola

Quante volte ti è capitato di vedere gente uscire dalla pista con le gomme con i buchi? A me spesso e volentieri, e in molti credono che la colpa sia dovuta al solo setting, ma sbagliano di grosso.

Quando andiamo a girare a inizio anno, può darsi che troviamo temperature non proprio miti, e allora molti sono portati a pensare che, se fa freddo, è meglio “montare una morbida” perché così si scalda prima. Niente di più sbagliato.

Parlerò solamente delle gomme posteriori, che sono quelle che soffrono di più. Per le gomme anteriori, è sempre meglio montare una SC2 perché tende a perdere il profilo molto meno e dura di più.

Le mescole sono fatte, come già detto, per accumulare o dissipare il calore accumulato: le mescole più morbide (diciamo una SC0-SC1 Pirelli) hanno una temperatura di esercizio molto alta e, per non sfaldarsi, sono progettate per *dissipare il calore*. Quindi, usarle quando fa freddo è assolutamente sbagliato, perché la gomma non si scalda nemmeno, visto che è progettata per rilasciare il calore.

Non entrando nella sua temperatura di esercizio, la gomma scivola e tende a strapparsi e a formare buchi. Le cosiddette “gomme morbide” vanno benissimo quando fa caldo, anche se danno il loro massimo grip solamente per una decina di giri.

Al contrario, le mescole un po più "dure" (come la SC2 Pirelli o Metzeler) hanno temperature di esercizio più basse e il calore lo accumulano. Se le usiamo quando fa freddo (ad esempio a febbraio o a marzo), rendono molto meglio perché entrano nella loro temperatura di esercizio e rimangono più calde. Vedrai che non si distruggeranno.

Ovviamente, se le usiamo in pieno agosto tenderanno a surriscaldarsi e a scivolare. Io ho avuto occasione di vedere un tizio che aveva montato una gomma slick solo per fare la sua strada di montagna preferita. Probabilmente non sapeva del rischio che stava correndo, perché una slick entra nel suo regime utile di temperatura dai 95 °C in su.

Non farti ingannare da quanto dicono in televisione durante le cronache delle gare, perché quelle della MotoGP o SBK sono gomme davvero particolari.

RIEPILOGO DEL CAPITOLO 4:

- SEGRETO n. 10: l'assetto della moto varia al variare del tempo sul giro perciò, in base a questo, bisogna regolare le sospensioni per far in modo che lavorino sempre e bene, copiando le asperità della pista.
- SEGRETO n. 11: l'ammortizzatore di sterzo deve intervenire solo se l'anteriore ti sbacchetta, ma non deve impedirti di tirare o spingere il manubrio opponendo una resistenza; per questo spesso non viene utilizzato da certi piloti, regolato al minimo o lasciato libero di muoversi avanti e indietro.
- SEGRETO n. 12: aumentando il precarico delle molle si riducono i valori Sag e la moto si alza; riducendo il precarico della molla aumentano i valori Sag e la moto si abbassa.
- SEGRETO n. 13: le regolazioni del precarico vanno fatte su entrambe le viti della forcella delle canne di destra e di sinistra: cercate di farle identiche.

CAPITOLO 5:

Come prepararsi fisicamente

Mi è capitato molto spesso, mentre mi allenavo, di sentirmi dire: «Ma sì, dai, cosa ti alleni a fare per andare in moto che tanto acceleri e fa tutto lei!» La mia prima reazione era quella di fargli subito tanto male, ma alla fine rinunciavo e continuavo per la mia strada.

Andare in moto, soprattutto ad alti livelli, richiede una preparazione fisica a tutto campo. Bisogna allenarsi lavorando moltissimo sulla parte aerobica e muscolare, allo scopo di aumentare la resistenza allo sforzo.

A dirla tutta, il miglior allenamento per andare forte in moto è… andare in moto. Sembra stupido, ma è così. Però, visto che non siamo tutti milionari e che non tutti possiamo permetterci di fare le trasferte invernali in Spagna, ci tocca stare fermi minimo tre mesi durante i quali dobbiamo fare il possibile per farci trovare pronti per la prima uscita in pista.

L'allenamento è importantissimo anche per mantenere una certa lucidità nei momenti critici: se ti trovi a dover evitare qualcuno o se devi fare una manovra di emergenza, rimanere freschi fisicamente significa anche essere più lucidi mentalmente.

Questo ti aiuterà a trovare una soluzione al problema in tempi rapidissimi e, soprattutto, il tuo corpo eseguirà i comandi dati dal cervello.

Pensa se ti trovi a dover frenare di colpo ma sei già bello cotto: nel frattempo che le mani prendono i freni, probabilmente sei già nella ghiaia a tirare parolacce.

A dimostrazione di ciò, pensa a questo: come mai a fine stagione si girà più forte che all'inizio? Non è solo per la confidenza che si prende in moto, ma anche perché il corpo si è abituato agli sforzi a cui lo sottoponiamo e quindi si riesce a forzare sempre un po' di più.

Il lavoro aerobico

Noi non ci facciamo caso, ma quando siamo in moto lanciati in pista il nostro cuore viaggia anche a 160 battiti al minuto. Se cominciamo a vedere che la visiera si appanna, vuol dire che siamo già cotti. Per allenare bene il cuore, l'ideale è correre, andare in bicicletta o andare in piscina.

Non voglio darti una tabella di marcia, perché ognuno ha il suo sport preferito e ognuno di noi è diverso, ma se ti affidi a un preparatore atletico (basta andare in una qualsiasi palestra) ti saprà consigliare come e per quanto tempo praticare una delle attività citate più sopra.

Allenare braccia e gambe

Essendo sempre caricati sulle braccia, e dovendo gli arti superiori sopportare tutte le sollecitazioni date in staccata, è buona norma allenare molto le braccia e i pettorali, facendo le flessioni. Il mio consiglio è di farle sia a mani larghe che a mani giunte in modo da allenare i tricipiti e i pettorali in maniera più ampia.

Altra cosa da non sottovalutare è l'avambraccio, che si può allenare in maniera diversa: stringere palline da tennis, fare esercizi con dei manubri e molto altro.

Le gambe è bene allenarle facendo qualche esercizio di flessione, non serve molto di più, soprattutto se già fate tanta bici o corsa.

SEGRETO n. 15: essere pronti fisicamente, oltre a rivelarsi indispensabile per riuscire a migliorarsi, rende le giornate in pista molto più sicure, divertenti e redditizie.

RIEPILOGO DEL CAPITOLO 5:

- SEGRETO n. 15: essere pronti fisicamente, oltre a rivelarsi indispensabile per riuscire a migliorarsi, rende le giornate in pista molto più sicure, divertenti e redditizie.

Conclusione

Come certamente avrai capito, per andare forte in moto servono parecchie conoscenze, oltre all'istinto e al talento. Con questa guida hai un'infarinatura generale di tecniche di base e avanzate dalle quali puoi partire per migliorare il tuo modo di guidare.

Ora che sai come si può comportare la moto in diverse situazioni, puoi prevedere e anticipare le reazioni del veicolo guidando in maniera più redditizia e sicura.

Inoltre, se segui bene le indicazioni tecniche nel manuale, potrai trovare soluzioni ai problemi che ti troverai davanti nel momento cruciale della giornata in pista.

Ricorda di portare sempre con te un taccuino con tutte le regolazioni che fai di volta in volta e di andarci sempre cauto con gli stravolgimenti di assetto.

Presta particolare attenzione alle condizioni della pista nei primi giri, non entrare a tirare subito come un forsennato perché potresti avere brutte sorprese.

Ricorda, inoltre, che se devi investire dei soldi in pezzi speciali per la tua moto. Acquista solo materiale di qualità anche se costa un po' di più. Ne va della tua sicurezza.

Sei arrivato fino in fondo, e non mi resta che augurarti delle bellissime giornate in pista piene di soddisfazione. Spero di esserti stato utile e ti invito nel blog www.giornalemotori.com per seguire le gare della MotoGP e della Superbike!

A presto!

www.ingramcontent.com/pod-product-compliance
Ingram Content Group UK Ltd.
Pitfield, Milton Keynes, MK11 3LW, UK
UKHW022019190726
13853UKWH00005B/2011